班组安全 100 丛书

道路交通运输企业班组安全生产事故分析精编

“班组安全 100 丛书”编委会　组织编写

中国劳动社会保障出版社

图书在版编目(CIP)数据

道路交通运输企业班组安全生产事故分析精编/“班组安全 100 丛书”编委会组织编写. -- 北京：中国劳动社会保障出版社，2020

(班组安全 100 丛书)

ISBN 978-7-5167-4546-5

Ⅰ. ①道…　Ⅱ. ①班…　Ⅲ. ①公路运输企业-生产小组-安全事故-事故分析　Ⅳ. ①F540. 5

中国版本图书馆 CIP 数据核字(2020)第 116984 号

中国劳动社会保障出版社出版发行

(北京市惠新东街 1 号　邮政编码：100029)

*

北京市艺辉印刷有限公司印刷装订　新华书店经销

880 毫米×1230 毫米　32 开本　5 印张　116 千字

2020 年 9 月第 1 版　2020 年 9 月第 1 次印刷

定价：20. 00 元

读者服务部电话：(010) 64929211/84209101/64921644

营销中心电话：(010) 64962347

出版社网址：http://www.class.com.cn

“班组安全 100 丛书”编委会

内容简介

道路运输是一种快捷、便利的运输方式，特别是随着我国道路建设的不断发展和完善，道路运输的优势越来越明显。道路运输包括旅客运输和货物运输，后者如果进一步细分，还有普通货物运输和危险货物运输的区别。道路运输业在迅速发展的同时，道路交通运输事故在不断增加，据统计，2016 年全国共接报道路交通事故 864.3 万起，比上一年度同比增加 65.9 万起，上升 16.5%，其中，涉及人员伤亡的道路交通事故 21.28 万起，共造成 63 093 人死亡、226 430 人受伤，直接财产损失 12.1 亿元。面对不断发生的道路交通运输事故，道路交通运输企业必须加强安全管理，加强对驾驶人员、管理人员的安全教育，通过加强安全管理消除运输车辆的事故隐患，通过安全教育增强人员的安全意识、法律意识和遵章守纪的自觉性。

本书是专门为道路交通运输企业驾驶人员、管理人员编写的，全书分为三个部分，集中分析了道路旅客运输事故、道路普通货物运输事故和道路危险货物运输事故，对每起事故的分析深入浅出、鞭辟入里。全书内容丰富、层次清楚，非常适合道路交通运输企业班组员工和基层管理人员学习与培训使用，也适合安全生产管理人员的日常教育使用。

前言

科学技术的进步，工业化大生产应用于各行各业，机械、电子设备的广泛使用极大地提高了劳动生产率，也使得工作环境日益得到改善。然而，工业化也带来了由于工作环境越来越复杂所产生的安全问题，要么不发生事故，要么会发生更加严重的事故。因此，生产方式的进步对作业人员安全意识的提高和安全习惯的养成有更高的要求。

俗话说“安全不安全，自己管一半。”很多伤害是操作者本人引发的事故造成的。因此，管住自己违章的“手”，就能有效地减少事故的发生，减少由此给自己带来的伤害。如果每个人都能做到这一点，事故的发生率就会大大降低。另外，如果掌握了充分的安全知识和避害技能，即使遇到了事故，也能有效地采取合理的措施，减少甚至避免伤害的发生。从这个角度讲，“安全不安全，自己管一半”可以改为“安全不安全，自己说了算”。

大量事实表明，许多刚参加工作的人员非常重视工作技能的学习，但却忽视安全知识的掌握，非得经历一次事故，才能真正明白安全生产的重要性。但是，一次安全生产事故有可能导致非常严重的后果，甚至使人遗憾终身。因此，企业一定要贯彻“安全第一、预防为主、综合治理”的方针，督促员工学习安全生产知识和技能，养成遵章守纪、不自作主张的良好习惯，确保安全生产，从而保障企业、员工的切身利益。

“班组安全 100 丛书” 以案例的形式从事故预防的角度教育企业负责人和作业人员从以往发生的事故案例中吸取教训，从而提高安全生产意识，以免重蹈事故伤害的覆辙。

“班组安全 100 丛书” 共有十三个分册，分别是：

《班组安全管理经验和方法精编》《违章违纪与操作失误事故分析精编》《危险作业现场隐患事故分析精编》《设备设施潜在隐患事故分析精编》《生产班组亲历事故教训精编》《机械制造企业班组安全生产事故分析精编》《冶金企业班组安全生产事故分析精编》《矿山企业班组安全生产事故分析精编》《道路交通运输企业班组安全生产事故分析精编》《化工企业班组安全生产事故分析精编》《建筑企业班组安全生产事故分析精编》《企业负责人安全生产责任分析与事故预防精编》《企业管理人员安全生产责任分析与事故预防精编》。

丛书案例均选自真实发生的生产事故，有的还来自当事人的自述，按照企业培训和员工自学的使用要求进行分类，经过精心编排，具有很重要的参考意义，适合企业对员工的安全生产培训，有助于员工安全生产意识的提高。

编者

2020 年 9 月

目录
CONTENTS

一、道路旅客运输事故

道路交通运输以其方便、快捷、灵活的特点，在经济活动中的作用越来越大。近年来，全国客运量、货运量均大幅增长，反映出国民经济的快速发展和繁荣。道路旅客运输是道路交通运输的重要组成部分。不同于货物运输，道路旅客运输过程关系到旅客的生命和财产安全。因此，道路旅客运输企业对车辆、道路、交通条件、驾驶人员技能等有比货物运输更高的要求，并且要合理组织营运，不断提高服务质量，为旅客提供安全、迅速、方便的运输条件。

1. 长途客车夜间违规停车下客被撞

2011 年 7 月 4 日 3 时 40 分左右，湖北省仙桃市随岳高速公路 229 km+400 m 处（岳随方向）发生一起重大道路交通事故，造成 26 人死亡、29 人受伤，直接经济损失 2 076 万元。

（1）事故相关情况

1）事故车辆情况

①客车鄂 AE××××，核载人数为 55 人，行驶证登记所有人为武

汉市某旅游客运有限责任公司（本案例简称旅游客运公司），2011 年 4 月 19 日取得道路运输证，使用性质为旅游客运。客车鄂 AE××××实际管理人为万某某，2011 年 1 月，万某某与旅游客运公司签订了合同，将客车鄂 AE××××纳入旅游客运公司统一管理。

②货车鄂 F1××××为重型半挂牵引车，牵引重型仓栅式半挂车，行驶证登记所有人为某物流有限公司（本案例简称物流公司），注册日期为 2010 年 6 月 8 日，取得道路运输证，使用性质为货运。

2）车辆驾驶人情况

①梁某，客车鄂 AE××××当班驾驶人，男，42 岁，驾驶证准驾车型为 A1、A2，2009 年 8 月取得道路运输从业人员从业资格证，事故发生时死亡。

②赵某某，货车鄂 F1××××驾驶人，男，44 岁，驾驶证准驾车型为 A1、A2，1999 年 12 月取得上岗证，2003 年换为道路运输从业人员从业资格证，在事故中死亡。

3）事故车辆所属单位情况

①旅游客运公司经营范围包括旅游工艺品、化工产品（不含危险化学品）等，公司有车辆 41 辆，其中营运车辆 21 辆，非营运车辆 20 辆。

②物流公司经营范围包括普通货运、仓储（不含危险化学品）、货运信息服务等，公司有普通货运车辆 1 516 辆。

4）事故道路和天气情况

事故发生路段于 2007 年 12 月开通，全长 123 km，限速 110 km/h。事故地点位于随岳高速公路岳随方向 229 km+400 m 处，道路呈南北走向，干燥沥青路面，路面完好平直，双向四车道，由绿化带和波形防撞钢板组成的中央隔离带分隔，路侧有波形防撞钢板，夜间无路灯照明。事故发生当天天气晴朗，能见度高。

（2）事故经过和救援情况

2011 年 7 月 3 日，梁某、张某轮换驾驶鄂 AE××××大型普通客车载客从广州市前往湖北省天门市，7 月 4 日 3 时 40 分许，梁某驾车由南向北行驶至湖北随岳高速公路岳随方向 229 km+400 m 路段时，车辆骑轧慢速车道和应急车道分道线停车，在下客的过程中，客车尾部左侧被后方由赵某某驾驶的鄂 F1××××重型半挂牵引车追尾撞击，导致鄂 AE××××大型普通客车前移，撞断路侧护栏与路外立柱式指路标牌后冲下路基护坡，鄂 F1××××重型半挂牵引车撞断路侧护栏后侧翻于北侧路基护坡，两车随即起火燃烧。事故造成 26 人死亡、29 人不同程度受伤，两车烧毁，公路设施受损。

事故发生后，当地高速交警部门第一时间启动了重大道路交通事故应急预案，组织安排卫生、消防、公安、应急、民政等部门有关人员赶赴事故现场，进行事故应急救援工作。

（3）事故原因分析

1）直接原因

当事人梁某驾驶客车夜间在高速公路上停车下客，且车辆骑轧慢速车道和应急车道分道线，车身占用慢速车道，严重影响了后方来车的正常行驶，是导致事故发生及造成严重后果的主要原因；当事人赵某某驾驶半挂牵引车夜间行驶时未及时发现前方险情并采取有效的避让措施，致使车辆撞上前方停驶的客车，是导致事故发生及造成严重后果的重要原因。

2）间接原因

①旅游客运公司安全生产主体责任不落实，安全管理制度不健全，安全管理人员履行职责不到位，安全教育培训不到位，企业卫星定位监控流于形式，营运管理混乱，致使事故客车长期违法营运，存在重大交通安全隐患。一是公司主要负责人落实企业安全生产主体责

任不到位。公司法定代表人冯某作为安全生产第一责任人，没有组织建立健全单位的安全生产责任制和安全管理制度，安全教育培训流于形式，安全生产督促、检查不到位，安全隐患排查整治不到位，对交通管理部门已指出的安全隐患整改落实不到位。二是公司违规挂靠经营。该公司与事故车辆鄂 AE××××采取挂靠联营形式，违反相关规定。三是公司对事故客车实际管理人万某某及驾驶人安全培训教育和监督管理不力。四是事故客车自 6 月 25 日到事故发生时，车载卫星定位系统不能正常工作，公司未能及时发现和进行整改，对该车辆的违法营运行为及行踪严重失察、失控。

②物流公司安全生产主体责任不落实，安全管理制度不健全，安全管理人员履行职责不到位，安全教育培训不到位。一是安全生产责任不落实。公司安全管理和安全生产责任制流于形式，安全隐患排查整治不落实，对交通管理部门指出的安全隐患整改不到位。二是安全生产制度不健全。公司制定的安全生产制度脱离单位实际，相关制度流于形式。三是安全培训教育不到位。该公司自成立以来至事故发生时，只组织过两次驾驶人教育培训活动，肇事车辆驾驶人赵某某从未参加过公司的培训。

（4）事故教训与整改措施

1）相关企业要充分利用车辆动态监控系统加大对营运车辆和驾驶人的管理力度，对屡教不改且存在重大安全隐患的驾驶人，要依法依规从严从重处罚，要进一步强化对旅游客运车辆的监管，严格资质审查和包车线路牌的发放。

2）相关企业要进一步深化道路客运整治专项行动，强化事故隐患排查治理，要认真贯彻落实主管部门的要求，进一步明确工作目标、工作责任，细化整治措施。

（5）相关知识与管理借鉴

这起事故的发生，在于先后发生的两个错误。一个是当事人梁某驾驶客车夜间在高速公路上停车下客，且车辆骑轧慢速车道与应急车道分道线，车身占用慢速车道，严重影响了后方来车的正常行驶，导致危险的发生。另一个是货车驾驶人赵某某驾驶半挂牵引车夜间行驶时，未及时发现前方险情并采取有效的避让措施，致使车辆撞上前方停驶的客车。

《道路交通安全法实施条例》第八十二条规定，机动车在高速公路上行驶，不得有下列行为：

1）倒车、逆行、穿越中央分隔带掉头或者在车道内停车；

2）在匝道、加速车道或者减速车道上超车；

3）骑轧车行道分界线或者在路肩上行驶；

4）非紧急情况时在应急车道行驶或者停车；

5）试车或者学习驾驶机动车。

对照相关规定，当事人梁某驾驶客车夜间在高速公路上停车下客的行为，无疑是严重的违法行为。

2. 幼儿园校车在窄路弯道超速行驶坠入池塘

2014 年 7 月 10 日 16 时 35 分许，湘潭市雨湖区某幼儿园（本案例简称幼儿园）校车驾驶人郑某某驾驶湘 CG××××小型普通客车在送幼儿回家途中，车辆坠入长沙市岳麓区含浦街道干子村石塘水塘，导致发生 11 人死亡的重大道路交通事故，直接经济损失约 657 万元。

（1）事故相关情况

1）事故车辆情况

湘 CG××××小型普通客车系幼儿园自备校车，车辆核载人数为 8

人。2013 年 9 月 1 日车辆审查合格，其行驶线路为响塘乡烧汤河村—公河村，沿途停靠站点为烧汤河村部、益佳村部和公河村部，开行时间分别为 7 时 30 分和 16 时 30 分。

经调查，该车每月 16 日均到交管部门进行车辆安全检查。该车的车载卫星定位装置因欠费于 2014 年 6 月 19 日起中断了数据上传，交管部门的车辆监控平台不能实时反映该车辆的运行情况。经鉴定，事故发生时车速为 32 km/h。

2）车辆驾驶人情况

郑某某，男，1963 年 1 月 23 日出生，系幼儿园校车驾驶人，2010 年 8 月 14 日取得准驾车型为 C1 的驾驶证，有效期 10 年。2013 年 8 月 18 日获得了校车驾驶资格。经调查，驾驶人郑某某在事发时无酒驾、毒驾、疲劳驾驶、猝死和拨打手持电话等妨碍安全驾驶的情形，未发现郑某某有仇视、报复社会的思想动机及其他异常、反常的情形。

3）幼儿园情况

幼儿园由王某甲、王某乙父女于 2010 年共同创办，王某甲全额出资，2011 年 4 月 12 日经批准取得民办学校办学许可证。幼儿园有学生 120 人，教职员工 13 人，校车 3 辆。

4）事故发生地情况

事故发生地位于长沙市岳麓区含浦街道干子村，该村处于长沙与湘潭两市的交界位置，紧邻长沙市宁乡县道林镇、湘潭市雨湖区响塘乡。事发路段位于干子村石塘水塘的坝基机耕道，石塘水塘水深约 6 m，坝基机耕道路面有效宽度 2.3 m，砂石路面，路面不平整，道路两侧均有杂草，西侧杂草宽 1.7 m、高 0.3~0.9 m，东侧杂草宽 0.7 m、高 0.31~1.5 m，事故路段无防护设施，无交通标牌。

事发前，车辆沿坝基机耕道由西往北左转弯微下坡行驶，坡长

15.5 m，坡度为7.16%。校车转弯后（转弯半径25.2 m）在坝基机耕道上直行17.8 m落水（坝基全长67.3 m）。校车在水中形态为头南尾北、四轮着塘底，距坝基垂直距离10.3 m、距落水点距离11 m。

（2）事故经过和救援情况

在幼儿园开学期间，郑某某驾驶湘CG××××小型普通客车负责公河村线路和石塘线路上幼儿的接送。石塘线路上有15名幼儿，超员成为常态。

7月10日，郑某某驾驶湘CG××××小型普通客车于5时33分至7时接完幼儿（石塘线路），7时至7时51分第二次接完幼儿，7时51分至8时30分第三次接完幼儿，返回幼儿园。之后，郑某某前往距幼儿园300 m左右的超市打麻将，11时30分左右返回幼儿园吃午饭、午睡。当日16时，幼儿园放学，幼儿在幼师的组织下坐上客车，童某、肖某某2名幼师和周某某等13名幼儿登上了核载人数为8人的湘CG××××小型普通客车。16时1分，郑某某驾驶车辆从幼儿园出发，送干子村和烧汤河村的幼儿回家，于16时7分、16时17分、16时24分、16时28分和16时30分沿途分别送完5名幼儿后，车辆行经干子村石塘水塘的坝基机耕道时，坠入水塘，造成车内11人全部溺水死亡。

事故发生后，当地有关部门迅速调集消防、医疗等部门参与事故救援。7月11日3时30分，校车被打捞出水，车内有9名遇难者。救援人员再次下水搜寻，于4时50分发现2名遇难者。至此，车上11名遇难者全部被打捞上岸。5时50分，事故现场被清理完毕。

（3）事故原因分析

1）直接原因

郑某某驾驶超员的校车在临水、窄路、弯道和下坡机耕道上违法超速行驶（限速20 km/h，事故时32 km/h）和不按照审核线路行驶，违反安全驾驶操作规范，导致校车冲出路面坠入水塘。

2）间接原因

①幼儿园安全管理主体责任不落实，安全管理工作严重缺失。一是法定代表人王某甲长期不在岗，安全管理松懈。二是安全管理流于形式，幼儿园对校车驾驶人及随车照管幼师的安全教育培训不到位，没有及时纠正郑某某违法、超员、超速的驾驶行为。三是幼儿园未经审核批准，擅自增加校车跨区域行车线路，导致校车在不具备安全通行条件的道路上行驶。四是幼儿园没有认真解决校车与生源数量的供需矛盾，办园的安全基本条件欠缺。

②长沙某汽车制造有限公司提供实时监控服务不到位。该公司在对湘CG××××小型普通客车进行非标准校车整改时，给车辆安装了车载卫星定位设备，设备的1年服务期未满时，该公司提前20天中止实时数据传输服务，没有向幼儿园进行提示和说明情况，导致车载卫星定位系统监控失效，事发时不能及时提供车辆位置信息，监管部门不能对校车实施动态监管。该公司对事故的发生负有责任。

③湖南某系统技术有限公司提供定位监控服务不到位。该公司未按合同约定为校车提供1年的车载卫星定位装置数据流量费，提前20天中止数据传输，没有向长沙某汽车制造有限公司和幼儿园提示和说明情况，导致车载卫星定位系统监控失效。该公司与长沙某汽车制造有限公司共同承担导致车载卫星定位系统监控失效的责任。

（4）事故教训与整改措施

1）幼儿园要进一步落实安全管理主体责任。幼儿园要认真落实安全管理主体责任，主要负责人应承担安全管理责任。幼儿园要提高全员安全意识，坚持持证上岗制度，加强对管理人员、校车司机、教师和幼儿的安全教育培训力度，提高全员的安全技能和应急救援能力。

2）幼儿园要加强校车管理，严禁校车不按审批线路行驶，对校车跨区域接送学生的，应向生源所在地教育、交警和交通部门申报备案，从源头上杜绝校车超员和不按审批线路行驶的安全隐患。同时要建立健全校车使用、保养、行驶路线管理台账以及幼儿上下车登记台账。

3）幼儿园要加大安全保障资金的投入，建立校园视频监控系统和校车监控平台，实时监控幼儿上下车过程，并对校车接送幼儿过程实施全程卫星定位监控，防止校车超员、超速、不按审批线路行驶等问题发生。

4）幼儿园要严把校车资质审查关，对报审的校车要确定司机、行驶线路、随车管照人员以及接送的学生，合理规划运行线路，公示相关情况，接受社会监督，加强对幼儿上下学接送情况的动态监管；要建立并运行校车安全监控平台，落实对校车的实时监控，加强对在用校车的规范化管理，确保校车营运安全。

（5）相关知识与管理借鉴

事故车辆被打捞出水后，经现场勘查，车身有黄色校车标志，车顶有4个黄色警示灯，前风挡玻璃龟裂内陷，前风挡玻璃右上角贴有检验合格标志、保险标志；车辆左右前门玻璃呈打开状态，其余门窗及玻璃关闭完好，车辆左前保险杠有破损；车辆座椅靠背前倾、底座骨架有裂痕。经技术鉴定，车辆转向系、制动系均符合《机动车运行安全技术条件》对车辆的技术规定。车辆前风挡玻璃龟裂内陷、左前保险杠的破损均系车辆入水过程中冲击和碰撞所致。车辆座椅断裂问题系车辆在冲出路面坠入水塘的过程中，车内乘员挤压座椅造成。也就是说，车辆进入水塘前没有受到任何外力的冲击，完全是驾驶人处置不当造成的。

孩子是祖国的未来，是家庭的希望，也是全社会重点保护的对象。

《校车安全管理条例》第二十八条规定，校车行驶线路应当尽量避开急弯、陡坡、临崖、临水的危险路段；确实无法避开的，道路或者交通设施的管理、养护单位应当按照标准对上述危险路段设置安全防护设施、限速标志、警告标牌。

《校车安全管理条例》第三十条规定，校车运载学生，应当按照国务院公安部门规定的位置放置校车标牌，开启校车标志灯。校车运载学生，应当按照经审核确定的线路行驶，遇有交通管制、道路施工以及自然灾害、恶劣气象条件或者重大交通事故等影响道路通行情形的除外。

《校车安全管理条例》第三十五条规定，载有学生的校车在高速公路上行驶的最高时速不得超过80公里，在其他道路上行驶的最高时速不得超过60公里。道路交通安全法律法规规定或者道路上限速标志、标线标明的最高时速低于前款规定的，从其规定。载有学生的校车在急弯、陡坡、窄路、窄桥以及冰雪、泥泞的道路上行驶，或者遇有雾、雨、雪、沙尘、冰雹等低能见度气象条件时，最高时速不得超过20公里。

对幼儿园、学校的校车必须加强安全管理，加强对校车的检查力度，坚决制止不符合安全规定和存在安全隐患的车辆接送学生，从源头上治理校车超员、超速和不按审批线路行驶的安全隐患。

3. 通勤大客车私自改装运送职工途中发生燃烧

2014年3月5日7时5分，吉林市某木业有限公司（本案例简称木业公司）租用吉林市某客运有限责任公司（本案例简称客运公司）名下的通勤大客车在运送职工上班途中发生燃烧，当场造成10

人死亡、17 人受伤，直接经济损失 1 134.86 万元。

（1）事故相关情况

1）事故客车情况

事故客车车牌号码为吉 BA××××，为京通牌 BJK6100E 型普通客车，出厂日期为 1999 年 5 月 1 日，核载人数为 56 人。事故客车强制报废时间为 2019 年 6 月 18 日，安全技术检验有效期至 2014 年 6 月 30 日。事故客车 1999 年 6 月 18 日于北京市初次注册，2009 年 6 月转籍吉林市，实际所有人为张某某，无道路运输证。事发当天事故客车行驶里程约19 km，行驶时间约 1.4 h，发生事故时实载 43 人。

2）客车驾驶人情况

事故客车驾驶人付某某，男，1983 年 8 月 8 日初次申领大型货车驾驶证，1984 年 2 月 15 日取得大型客车准驾资格，持有准驾车型为 A1、A2 的驾驶证（有效期至 2014 年 8 月），持有道路运输从业人员从业资格证。事发当天付某某无酒后驾驶迹象，也无违章信息。

3）客车非法挂靠营运情况

事故客车原为北京市非营运车辆。2009 年 6 月，该车以非营运车辆转籍吉林市，挂靠于客运公司名下，长期非法从事旅游包车、校车、通勤车等营运活动。2009 年 11 月 1 日、2010 年 11 月 1 日，客运公司与木业公司两次签订书面协议，使用该车为木业公司提供有偿通勤服务。2011 年协议终止后，双方口头商定继续由该车按原协议提供有偿通勤服务，直至事故发生。

4）客车换装报废发动机总成情况

2010 年 7 月，事故客车在吉舒公路缸窑镇路段运送旅客途中，发动机缸体顶缸破裂，无法修复。车主张某某得知后，擅自指使他人非法从吉林市开源某汽车回收有限责任公司（本案例简称汽车回收公司）拆解车间承包业户耿某手中购买国家明令销毁、禁止交易的报废货车发动机总成，并将其安装在事故客车上继续使用。2012年年末该发动机总成进行了大修，2014年3月3日更换了二缸缸套等部件。

5）事发地道路和天气情况

事故发生路段位于吉林市船营经济开发区迎宾大路吉长高速引线3 km处。事故路段的技术指标、交通安全设施的设置情况均符合国家和行业相关标准规范。事故发生时，路况良好，能见度较高。

（2）事故经过和救援情况

2014年3月5日5时40分，付某某驾驶事故客车从吉林市船营区某装饰公司门前出发。5时45分，车主张某某上车后，陆续接送16名吉林市某中学学生。6时25分，学生全部下车后，付某某驾车按日常路线接送木业公司43名职工，车主张某某下车回家。

7时5分，该车行驶至迎宾大路小光村附近时，坐在车内最后一排左侧座位的木业公司职工孙某某突然大喊："火！"坐在第五排的职工张某立即拨打"119"电话报警，司机付某某紧急将车停于路边，随即开门跳下车使用灭火器灭火并协助车内人员下车。此时客车后部火势迅速蔓延，车内部分职工砸窗跳车，余者拥向车门（位于车右前方）逃生。7时10分，消防人员到场，7时15分，火被扑灭。

（3）事故原因分析

1）直接原因

吉BA××××大型普通客车更换报废的货车发动机总成燃油管及密封垫老化，导致燃油渗漏；由于私自改装为涡轮增压，并使用了失效的增压器和型号不统一的喷油器，导致发动机热负荷加大，温度大幅升高，引起发动机舱着火；发动机舱使用了聚氨酯材料，致使发动机舱火势加大；发动机舱检修口盖使用了易燃、可燃材料，且有孔洞与车厢连通，使火焰进入车厢；车厢顶部、侧部、坐垫均使用聚氨酯发泡材料，易于燃烧，导致车辆迅速整体燃烧；车厢过道设有并使用了边座，且违反相关规范在车厢后部安全门通道位置设置了乘客座椅，影响人员疏散、逃生，致使事故扩大。

2）间接原因

①客运公司安全生产主体责任不落实，安全生产规章制度执行不严格，管理不到位，违法将事故客车挂靠至公司名下从事非法营运活动，对挂靠客车“挂而不管”。公司未依法对事故客车实施有效的安全管理，未对该车驾驶人进行定期安全培训，致使事故客车长期存在重大安全隐患。

②木业公司安全生产主体责任不落实，安全生产规章制度不健全，管理不到位。公司未依法设立安全生产管理部门和指定专职管理人员，相关人员不掌握车辆安全技术要求，未认真核实事故客车营运许可，致使公司疏于对租用通勤客车的安全管理。公司对职工安全常识和逃生自救能力培训不到位。

③汽车回收公司未执行市政府的管理要求，长期采取承包的方式从事回收、拆解报废汽车业务，疏于对承包业户收购（拆解）报废汽车、销售拆解零部件等经营活动的管理，致使报废发动机总成流入市场。

④车主张某某法制观念淡薄，长期非法营运，严重违反安全生产法律法规，违法换装国家明令销毁、禁止交易的报废发动机总成，未对车辆实施有效的安全管理，致使该车长期存在重大安全隐患。

⑤事故客车驾驶人付某某法制观念淡薄，协助张某某非法购买并参与换装报废发动机总成，长期驾驶机件不符合标准、存在安全隐患的机动车，致使该车发生重大燃烧事故。

（4）事故教训与整改措施

这起重大车辆燃烧事故造成重大人员伤亡和财产损失，后果严重，教训十分深刻。为了有效防范类似事故再次发生，相关部门提出以下整改措施建议：

1）客运公司要认真搞好企业从业人员安全培训教育，切实增强安全防范意识。客运公司要严格落实岗位资格准入制度，加强从业人员的岗位安全技能培训，提高企业从业人员的整体素质。客运公司要通过集中学习、专题讲座、剖析典型事故案例等方式开展安全生产法律知识培训，普遍提高从业人员自觉抵制安全违法行为的意识。客运公司要以驾驶人为重点，进一步建立健全安全培训制度，定期组织安全培训，提高重点人员的安全防范意识。

2）木业公司要加强企业从业人员和司乘人员的安全应急演练，强化事故应急处置能力。木业公司要建立完善应急预案，定期组织企业职工和司乘人员开展车辆碰撞、自燃和爆炸等突发事故的应急演练。木业公司要进一步强化驾驶人员的安全技能，使驾驶人员在事故发生后能及时采取相应的安全措施，切实提高自救互救和事故防范、应急处置能力，最大限度地减少生命财产损失。

（5）相关知识与管理借鉴

在这起事故中，由于一些人把经济利益放在安全之上，把存在安全隐患的客车更换了发动机总成，重新载客运输，结果导致起火燃烧事故，造成严重的人员伤亡。

从事道路运输的人员和企业，应牢固树立“红线”意识，加强安全生产工作。对于道路运输企业以及个体车主来讲，要认真落实安全生产主体责任，切实履行安全生产管理职责，通过动态监控、定期安全检查等措施，不断强化对所属车辆和驾驶人员的安全管理，确保各项安全生产制度和措施执行到位。

4. 客车驾驶人违法占用对方车道与对向车辆迎面碰撞

2012 年 4 月 12 日 6 时 30 分，国道 311 线 58 km+930 m 处，发生一起重大道路交通事故，造成 24 人死亡、2 人受伤，两车严重损坏，直接经济损失约 900 万元。

（1）事故相关情况

1）事故车辆情况

①皖 L6××××少林牌客车行驶证登记所有人为苏某某。该车核载人数为 29 人，出厂日期为 2010 年 10 月 26 日，发行驶证日期为 2010 年 11 月 25 日，检验有效期至 2012 年 11 月 30 日。该车营运线路为萧县—青龙集—苏庄，使用性质为公路客运，经营类型为个体。

②豫 N6××××福田牌重型自卸货车，行驶证登记所有人为张某某，该车核定载质量为 14 990 kg，初次注册日期为 2010 年 12 月 7 日，检验有效期至 2012 年 12 月 31 日，经营性质为个体，经营范围为道路普通货物运输。事发时该车装载质量为 23 650 kg，超载 8 660 kg，超过核定载质量 58%。

经鉴定，皖 L6××××客车转向系事故发生时工作情况不能确认，制动系事故发生时不符合国家标准规定（该车的 3 个制动鼓工作面及制动摩擦片上有油垢）；豫 N6××××货车转向系事故发生时工作情况不能确认，制动系事故发生时处于有效工作状态。

经鉴定，皖 L6××××客车在发生事故前的行驶速度为 75~78 km/h，豫 N6××××货车在发生事故前的行驶速度为 73~76 km/h。

2）车辆驾驶人情况

①冯某某，男，皖 L6××××客车驾驶人，驾驶证准驾车型为 A1、A2，驾驶证状态正常。

②陈某某，男，豫 N6××××货车驾驶人，驾驶证准驾车型为 B2，

驾驶证状态正常。

通过对驾驶人家属、亲戚的调查了解，事故发生前驾驶人身体和情绪均正常。通过查询通信部门，确定两名驾驶人在事故发生时均未有接打手持电话情况。

3）事故道路和天气情况

事故路段起点为萧县城西路与 S301 桃唐路交叉路口处，为南北走向，沥青路面，路面全宽 9 m，西侧非机动车道宽 0. 7 m，东侧非机动车道宽 0. 75 m，机动车道宽 7. 55 m，路肩宽1. 3 m，道路中间有黄色虚线分道线，标志、标牌设置规范、齐全，路面整洁、无堆积物。事故发生时天气晴好。

（2）事故经过和救援情况

2012 年 4 月 12 日 6 时 30 分，驾驶人冯某某驾驶皖 L6××××客车（核载人数为 29 人，实载人数为 24 人）在国道 311 线往萧县县城方向行驶至 58 km+930 m 处时，因操作不当，驶入对向车道，与陈某某驾驶的豫 N6××××货车发生正面相撞，造成皖 L6××××客车驾乘人员 21 人当场死亡、1 人经抢救无效死亡、2 人受伤，豫 N6××××货车驾乘人员 2 人当场死亡，两车严重损坏的重大道路交通事故。

4 月 12 日 6 时 35 分，当地公安局指挥中心接群众报案后立即出警，到达事故现场维护现场秩序，分流疏导，进行交通管制，指挥医院抢救伤者。经交警、消防、医院等部门救援人员全力抢救，成功地把车内的所有被困人员救出，同时立即对现场展开勘验，固定证据，确保事故现场顺利处置。

（3）事故原因分析

1）直接原因

皖 L6××××客车驾驶人冯某某因操作不当，违法占用对向车道与货车迎面碰撞是造成事故的直接原因。

2）间接原因

①客车车主定期进行车辆维护、保养和检测不够，未能及时消除安全隐患，致使客车安全技术条件达不到要求就投入运输工作。

②货车驾驶人陈某某驾驶豫 N6××××货车严重超载，扩大事故损失。

③当地公安交管、交通运输等部门对事发路段安全监管不严，打击超载等交通违法行为不力。

这起事故的发生，暴露出农村客运班线的投资经营体制造成的安全管理缺失、有关部门对农村客运班车安全管理不严、农村客运班车驾驶人安全教育不到位等问题。因此，有关部门要从制度上加强农村客运班车的安全管理，做到统一管理、统一经营，杜绝个体农村客运班车游离于监管之外的现象，从源头上解决农村客运班车的安全问题。要通过政策引导，整合农村客运班车线路资源，提高农村客运市场准入门槛，建立农村客运班车线市场准入、退出机制，逐步完善以中心镇为依托向周边乡镇、村扩散的客运交通管理网络，进一步便捷农村群众出行。

5. 客车非法营运夜间行经不熟悉的结冰道路发生翻车

2014 年 3 月 3 日 2 时 20 分许，甘肃省国道 213 线 256 km+200 m 处发生一起重大道路交通事故，造成 10 人死亡、35 人受伤，直接经济损失约 1 038. 5 万元。

（1）事故相关情况

1）事故车辆情况

沪 D0××××宇通牌大型普通客车，行驶证登记所有人为上海某连发公司，核载人数为 55 人，检验有效期至 2014 年 8 月 31 日。车辆使用性质为非营运。事故发生时该车实载 61 人（其中不满 1 岁的儿童 3 人，1 岁至 5 岁的儿童 9 人），按照《道路交通安全法实施条例》关于公路载客汽车在载客人数已满的情况下，免票的儿童不得超过载客人数的 10%规定，实载人数在规定的范围之内。

2）车辆驾驶人情况

①李某某为沪 D0××××大客车驾驶人，男，持有准驾车型为 A1、A2 驾驶证，在实习期内。

②万某，沪 D0××××大客车另一驾驶人，男，持有准驾车型为 A1、A2 驾驶证，在实习期内。

3）事故道路和天气情况

事发路段为国道 213 线，二级公路，沥青路面，双向两车道，道路全宽 11. 62 m，沥青路面宽 8. 99 m，中央以黄虚线分隔，道路西侧行车道宽 3. 87 m，东侧行车道宽 3. 82 m，两侧有车道边缘线。事发路段线形为下坡与弯道组合路段，道路纵坡为 2. 68%，横坡为 −3. 5%，弯道半径约为 350 m。道路设计行车速度 80 km/h。事发地向南距离依毛梁坡顶 900 m，向北距离依毛梁坡底 7. 6 km。

事故现场向南 2. 4 km 处设有限速 80 km/h 交通标志，900 m 处设有“连续下坡，低挡行驶”警示牌，800 m 处设有“连续下坡”警示牌，770 m 处设置有“事故多发，减速慢行”黄色提示牌，500 m 处设置“雷达测速路段”提示牌；事故现场向北 1. 25 km 处设有“事故多发”提示牌，1. 43 km 处设置“连续下坡，低挡行驶”警示牌，7. 6 km 处下坡路段结束。事故发生时当地天气为小雪，道路路面有薄冰。

4）事故相关单位情况

上海某连发公司经营范围为汽车租赁、汽车配件、五金建材、日用杂货等。经上海交警总队协查，该公司未取得道路旅客运输经营和汽车租赁资质，未建立安全管理制度和卫星定位监控平台，车载卫星定位设备长期处于关闭状态。驾驶人李某某未在上海市省际客运从业驾驶人登记系统中备案；公司持伪造道路运输证、线路牌和包车牌长期从事非法营运。

（2）事故经过和救援情况

3 月 1 日 20 时许，李某某，万某轮换驾驶沪 D0××××大型普通客车，搭载外出务工人员及孩子共 59 人，从云南省丘北县客运车站出发，沿省道 206 线行驶至炭房进入广昆高速，2 日 0 时许到达昆明，换万某驾驶车辆进入京昆高速，2 日 6 时许到达攀枝花北，换李某某驾驶。2 日 12 时许车辆到达雅安市荥经服务区，换驾驶人万某驾驶车辆进入成雅高速，2 日 13 时许车辆经成都市绕城高速进入成灌高速到达都江堰，后沿都汶高速到达汶川，经茂县、松潘，于 2 日 20 时许到达川主寺。21 时许李某某驾驶车辆沿国道 213 线行驶，3 日 0 时 40 分许驶入国道 213 线碌曲收费站，2 时 20 分许，在国道 213 线 256 km+200 m 处，车辆驶出公路西侧路面，与路西侧广告牌钢制立柱相撞后翻车，发生道路交通事故。李某某在发生事故前连续驾驶超过 5 h，行程约 388 km。

3 月 3 日凌晨 2 时 26 分，当地公安局交警大队接到出警指令后立即赶赴现场，按要求逐级上报了事故情况，交警部门迅速启动道路交通事故应急处置预案。甘南州、合作市政府有关领导接到报告后，迅速启动突发事件应急机制，组织相关部门在第一时间赶赴现场，全力以赴开展伤者救治工作。

（3）事故原因分析

1）直接原因

驾驶人李某某在实习期间驾驶后轮轮胎花纹严重磨损的大型普通客车非法营运，夜间行经不熟悉路况的结冰道路超速驾驶，是造成这起交通事故的直接原因。

2）间接原因

①上海某连发公司安全生产责任制不落实，安全管理混乱，未取得道路旅客运输经营资质，伪造道路运输证、线路牌和包车牌从事道路运输；公司安全管理规章制度严重缺失，未开展驾驶人资格审查和安全教育，违规聘用不符合驾驶条件的驾驶人李某某、万某驾驶大客车；公司违规长期非法承揽包车客运业务，未落实营运车辆凌晨 2 时至 5 时停止行驶的规定。

②云南省某交通运输集团公司丘北分公司安全生产责任制不落实，安全管理混乱，违规同意无营运资质的事故客车进站从事非法经营活动，并为其办理包车手续；未认真对事故客车进行安全检查，未发现事故客车后轮轮胎花纹严重磨损的问题；未解决安全记录单据领用、登记、保管混乱的问题。

③云南省某交通运输集团公司对丘北分公司违规同意无营运资质的事故客车进站从事非法经营活动，未认真履行安全检查的职责。

（4）事故教训与整改措施

1）道路交通运输企业要加强车站源头安全管理。要加强客运车站车辆进站经营、乘客进站上车危险品检测、车辆报班手续和车辆发车出站审核，深入排查各类安全隐患，认真检查客运企业、车辆、人员资质是否齐备，车辆安全技术状况是否良好，认真核实驾驶证、从业资格证、行驶证、道路运输经营许可证、机动车强制保险标志、机动车检验合格标志、营运线路牌是否真实有效，从源头上加强道路运输安全管理。

2）道路交通运输企业要强化安全主体责任落实。要严格遵守和执行安全生产相关法律法规与技术标准，加大安全投入，健全安全管理机构，完善内部安全管理制度，确保各项安全生产制度和措施能够执行到位，切实承担安全生产主体责任。要严格落实道路运输企业安全检查制度，对客运车辆进行定期检测和维护，强化对客车的动态监管，充分发挥卫星定位动态监控系统的作用，严格落实客运车辆夜间行驶速度规定和凌晨2时至5时停止行驶的规定。

（5）相关知识与管理借鉴

这起事故的发生，与客车驾驶人李某某在发生事故前连续驾驶超过5 h、行程约388 km有直接的关系。长时间连续驾车会出现疲劳的情况，疲劳对驾驶人的注意力、感知能力、思维能力、判断能力、意志力和决断力等都会产生影响，伴随而来的是视线模糊、反应迟钝、精神涣散等状况。事故发生在2时20分许，是通常情况下人们最想睡觉的时间。如果之前已经睡了一觉，那么接下来可能不会感觉过于困乏；如果连续驾驶没有休息，那么在这个时间段就会有强烈的睡意。这次事故的发生，就有连续驾驶、疲劳过度的因素。

6. 中型普通客车撞断桥石栏杆坠入湖中

2014年3月6日，南充市仪陇县杨桥镇金鼓村五一桥路段发生一起重大道路交通事故，造成11人死亡，直接经济损失约480万元。

（1）事故相关情况

1）事故车辆情况

川R4××××南骏牌中型普通客车，核载人数为16人，行驶证登记所有人为四川某运输（集团）有限公司（本案例简称运输公司）仪陇分公司（本案例简称运输公司仪陇分公司），实际车主为鲜某、宁某，使用性质为公路客运。该车的行驶证、道路运输证、保险等齐全且均在有效期内。事发时该车行驶速度为17～19 km/h，无超速行驶行为。

2）事故车辆驾驶人情况

鲜某，男，川 R4××××客车驾驶人，持有准驾车型为 A2 的驾驶证，有效期至 2015 年 6 月 3 日，持有合法有效的道路运输从业人员从业资格证。经勘验和调查，未发现鲜某有酒驾、毒驾和疲劳驾驶迹象；事故发生时，鲜某无接听、拨打手持电话行为，其驾驶行为未受到车上乘客和车外其他因素影响。

3）事故道路和天气情况

事故现场位于仪陇县杨桥镇金鼓村五一桥路段，该路段系通村道路，为等外四级公路。事故发生地点位于公路五一桥处三河镇至杨桥镇方向（事故车辆行车方向），桥面平直，视线良好；桥面全宽 5. 5 m，有效路面宽度 3. 5 m，水泥路面，因 3 月 5 日晚下雨，路面潮湿；桥身两侧安装有条石栏杆，石桥一端（三河镇方向）设有“限重 10 t”的警示标志，公路三河镇方向与五一桥连接处为左转弯道，转弯曲线半径为 15. 3 m，桥头引道纵坡为 4. 9%。事故发生时天气晴间多云，能见度较高。

4）事故相关单位情况

①运输公司仪陇分公司为民营股份制企业，有营运客车 145 辆，班线 39 条。

②运输公司属于民营股份制企业，系全国道路旅客运输一级企业，下辖 21 家分公司，有营运客车 1 713 辆，班线 549 条。

经查，自 2009 年以来，马鞍镇千垭村 3 组村民罗某在未取得机动车维修经营许可证的情况下，长期擅自从事机动车维修业务。2014 年 2 月 11 日，罗某对事故车辆进行过换钢板等维修作业。

（2）事故经过和救援情况

3 月 6 日 9 时 12 分许，驾驶人鲜某驾驶川 R4××××客车实载 12 人从仪陇县三河镇向杨桥镇方向行驶。9 时 40 分许，该车行至杨桥镇金鼓村五一桥路段时，车辆驶向路面左侧，撞断五一桥左侧石栏杆坠入湖中，造成车上乘客 11 人死亡，客车受损。

事故发生后，当地有关部门立即启动事故应急救援预案，市、县主要领导率相关部门负责人第一时间赶赴现场指挥抢险救援工作。

（3）事故原因分析

1）直接原因

鲜某驾驶川 R4××××客车上路行驶，在五一桥前下坡路段空挡滑行，在行驶至五一桥时，车辆转向横拉杆体右侧与调整螺杆分离脱落，加之该车因前制动储气筒的压缩空气经密封不严的制动总阀排气口泄漏，丧失前左右制动效能，左后制动效能因制动摩擦片缺损而降低，左后主胎及右后副胎胎冠花纹严重磨损，左后副胎胎冠被铁钉刺穿造成胎压严重不足，造成该车在潮湿的五一桥路面不能有效制动和改变向左行驶的趋势；鲜某临危处置不当，致使车辆冲出桥面栏杆，坠入 15 m 深的湖中。

2）间接原因

①运输公司仪陇分公司未有效履行企业安全生产主体责任，对客运车辆的技术管理不到位，对农村客运车辆在非法修车点进行维修的行为缺乏监管。

②运输公司仪陇分公司未按照相关规定认真进行车辆的安全例检，事故车辆转向、制动等系统存在的安全隐患未及时被发现和整治；公司对驾驶人安全责任意识、临危处置能力等培训教育不到位。

③运输公司对仪陇分公司的车辆技术管理、安全隐患排查、驾驶人培训教育和驾驶人管理、定期考核等规章制度执行情况督促检查不力。

（4）事故教训与整改措施

1）道路交通运输部门要加强对客运企业的监督检查，督促客运企业对融资车辆实行公司化管理，落实统一管理制度，切实提高客运企业履行安全生产主体责任的意识和能力；要加大隐患排查整治力度，临水临崖等危险路段要安装波形护栏，完善标志、标线等安保设施。

2）运输公司要进一步落实安全生产主体责任。公司要强化车辆技术管理、安全例检、二级维护和驾驶人培训教育及考核等工作，特别是对于农村客运车辆，要采取切实可行的办法让车辆安全例检工作落到实处，强制要求农村客运车辆定期到汽车站或有资质的维修企业例行检查，发现问题应将车辆送到指定的有资质的维修企业修理，坚决杜绝客运车辆在非法修车点进行维修作业。

3）运输公司要切实加强车辆日常隐患排查整治工作，确保车辆技术状况良好。公司要加强客运车辆驾驶人的培训教育，特别是应急处置能力和专业技能的培训，切实将安全规章制度、操作规程和技术要求等落实到基层，落实到岗位，落实到操作层面。

（5）相关知识与管理借鉴

这起事故的发生，与客车存在诸多安全隐患有直接的关系，安全隐患在关键时刻暴露出来，结果造成严重事故。

《道路运输车辆技术管理规定》明确规定，道路运输经营者应当遵守有关法律法规、标准和规范，认真履行车辆技术管理的主体责任，建立健全管理制度，加强车辆技术管理。

第十二条　道路运输经营者应当加强车辆维护、使用、安全和节能等方面的业务培训，提升从业人员的业务素质和技能，确保车辆处于良好的技术状况。

第十三条　道路运输经营者应当根据有关道路运输企业车辆技术管理标准，结合车辆技术状况和运行条件，正确使用车辆。

第十四条　道路运输经营者应当建立车辆技术档案制度，实行一车一档。档案内容应当主要包括：车辆基本信息，车辆技术等级评定、客车类型等级评定或者年度类型等级评定复核、车辆维护和修理（含《机动车维修竣工出厂合格证》）、车辆主要零部件更换、车辆变更、行驶里程、对车辆造成损伤的交通事故等记录。档案内容应当准确、翔实。

对此，道路运输企业要强化车辆技术管理、安全例检、二级维护和驾驶人培训教育及考核等工作，对客运车辆要采取切实可行的办法让车辆安全例检工作落到实处，强制要求客运车辆定期到汽车站或有资质的维修企业例检，发现问题应将车辆送到指定的有资质的维修企业修理，坚决杜绝客运车辆在非法修车点进行维修作业。

7. 大型客车左前轮爆胎致使车辆失控自翻

2015 年 2 月 24 日 23 时 20 分许，新疆某旅客运输有限公司（本案例简称客运公司）新 N3××××宇通牌大型普通客车，自喀什某汽车站出发前往阿克苏中心客运站，当车辆行驶至尚未开通的 G3012 线阿喀高速公路 1 071 km+230 m 处时，因车辆左前轮爆胎致使车辆失控，冲出中央隔离护栏，驶入对向车道发生自翻。事故造成 22 人死亡、38 人受伤，直接经济损失 1 475 万元。

（1）事故相关情况

1）事故车辆情况

新 N3××××大型普通客车，行驶证登记所有人为客运公司，实际车主为吐某某和热某某。车辆检验有效期至 2016 年 1 月 31 日。该车核载人数为 53 人，事发时载客 60 人（包括 2 名驾驶人）。

2）车辆驾驶人情况

车辆驾驶人库某某，男，驾驶证准驾车型为 A1、A2，证件有效期至2015年7月28日。

3）事故道路情况

阿喀高速公路是连霍高速公路的重要组成部分，线路全长约429 km，经阿克苏地区至喀什地区，全线采用四车道高速公路标准，设计行车速度100~120 km/h。2014年10月31日进入试营运期，事发时，处于已验收未开通状态。

4）事故车辆所属单位情况

客运公司是一家民营股份制二级客运企业，经营范围为旅客运输、货物运输、汽车维修、旅客服务和房屋出租，道路运输经营许可证有效期至2015年1月20日，道路运输经营许可证经营范围为县内班车客运、县际班车客运、市际班车客运、省际班车客运、市际班车客运（小轿车）、县际班车客运（小轿车）、县内包车客运、县际包车客运、市际包车客运、省际包车客运和客车维修（二类）。2014年6月11日，阿克苏地区道路运输管理局审批同意公司阿克苏至喀什线路延续，期限自2014年6月11日至2021年4月28日。

（2）事故经过和救援情况

据事故车辆驾驶人事后讲述，由于未开通的阿喀高速公路没有收费站、路上车少、没有各类检查执勤点，其一直选择从阿喀高速公路行驶。

2015年2月24日14时10分许，库某某和努某某驾驶新N3××××车进入汽车站，经安全检查合格后报班营运。20时50分许，库某某驾驶汽车从汽车站出发（出站乘客结算单显示，出站时车内有33名成人乘客、2名儿童和2名驾驶人，共37人）。汽车出站后左转弯向前行驶了约100 m后停车开始站外揽客。几分钟后，先后有23名乘客上车，此时车内共60人（包括2名驾驶人），超载7人。汽车从喀什市出来行驶到库曲湾收费站，交费后停靠汽车站非法补票点，驾驶人下车办理相关补票手续。办完手续后汽车继续向前行驶至阿图什东收费站进入阿喀高速。由于车辆行驶方向道路用土堆封闭，于是驾驶人驾驶车辆从土堆左侧中央隔离护栏缺口处驶入对向车道继续行驶 1 km 后驶入道路北侧匝道，行驶至收费站附近，又掉头沿匝道逆行返回由东向西方向的主道，以此绕过土堆。在由东向西方向的主道逆向前行约 2 km 后，从中央隔离护栏缺口处重新驶回由西向东方向的主道。在由西向东方向的主道向前行驶约 90 km 后，由于前方道路用土堆封闭，汽车从大山口收费站匝道驶出高速公路，进入 G314 线。汽车在 G314 线继续前行约 40 km 后，在离伽师总场还有 17 km 的路牌处向左转弯，重新驶入阿喀高速并向前行驶约 100 km，于 23 时 20 分许行驶至阿喀高速 1 071 km+230 m 处时，汽车左侧前轮爆胎致使车辆失控，冲出中央隔离护栏，驶入对向车道发生自翻，造成 22 人死亡、38 人受伤。

2 月 24 日 23 时 27 分许，当地公安局指挥中心接到车辆驾驶人电话报警后，迅速指派公安局交警大队民警赶赴现场处置。

（3）事故原因分析

1）直接原因

车辆驾驶人库某某擅自驶入未开通的道路，以 133 km/h 的速度超速行驶过程中，车辆左前轮突然爆胎，导致车辆侧翻。

2）间接原因

①客运公司安全管理混乱，安全生产主体责任不落实。公司法定代表人安全意识淡薄，对安全生产的工作要求认识不足，不能有效履行安全生产第一责任人责任。

②客运公司安全管理混乱，安全生产责任落实不到位：一是从业人员安全培训教育制度不落实，驾驶人习惯性违章操作，长期超速、超载行驶；二是虽取得道路运输二级企业资质，但相关规章制度与实

际严重不相符；三是安全检查员未按照营运客车安全例行检查技术规范对车辆技术状况进行安全检查，只是凭经验目测进行安全检查；四是公司卫星定位动态监控流于形式，未对超速车辆进行监管和处罚。

（4）事故教训与整改措施

1）客运公司要进一步落实企业安全生产主体责任，加强对驾驶人和车辆的管理，强化安全检查，对不符合安全生产条件的车辆，坚决予以停运，对查出的问题，要责令负责人限期整改；督促客运车辆按照规定路线营运，发现营运车辆违规驶入未开通公路的，要严肃处理。

2）客运公司要充分利用道路运输车辆动态监控系统加强对车辆的动态监管，避免发生超速、超载、疲劳驾驶等行为；要扎实开展安全生产标准化活动，切实通过标准化达标规范企业安全生产活动。

3）客运汽车站要严格落实安全管理要求，加强对人员、车辆的安全检查，对因道路等原因不能保证正常到达的线路和班次，要进行合理调整或取消班次。

（5）相关知识与管理借鉴

在这起事故中，车辆驾驶人擅自驶入未开通的道路，以 133 km/h 的速度超速行驶过程中，车辆左前轮突然爆胎，导致车辆侧翻。

事故调查组委托国家橡胶轮胎质量监督检验中心对该车左前轮轮胎爆胎原因进行鉴定并得出以下结论。

1）该轮胎爆破不属于制造质量问题，是使用不当造成的。

2）该轮胎非翻新轮胎，而是已经到了使用后期。轮胎在使用过程中受异物刺扎，深度达第三层带束层，部分带束层钢丝断裂并生锈，层间黏合力下降。当汽车行驶速度超过轮胎的最高行驶速度(130 km/h)时，轮胎各部分之间的剪切力迅速增大，缺陷处的脱层面积扩张明显。随着脱层面积的增加，轮胎的强度逐步降低，当带束层之间的脱层扩展到胎体钢丝层时，轮胎发生爆破。

这起事故给所有驾驶人提了个醒，当轮胎到达使用后期的时候，要注意是否存在割伤、刺伤的情况，如果存在，就要多加注意，需要及时更换轮胎，避免发生类似的事故。

8. 驾驶客车车速过快操作不当撞断公路护栏翻下山坡

2015 年 3 月 2 日 23 时许，河南省安阳市林州境内 226 省道 45 km+700 m 处发生一起重大道路交通事故，造成 20 人死亡、13 人受伤，直接经济损失 1 200. 8 万元。

（1）事故相关情况

1）事故车辆情况

豫 AL××××宇通牌大型普通客车，出厂日期为 2005 年 11 月 30 日，初次注册日期为 2006 年 1 月 11 日，车辆所有人为榆林市某客运分公司，使用性质为客运。后来，该车多次办理转移注册。2012 年 8 月 10 日，车辆所有人变更为河南某汽车服务有限公司，使用性质为客运。2013 年 1 月 9 日，车辆所有人变更为李某某，车辆使用性质由客运转为非营运。车辆最后审验日期为 2014 年 12 月 4 日，检验有效期至 2016 年 1 月 30 日，审验结果为合格。事故发生时，该车核载人数为 35 人，实载 33 人。

2）车辆驾驶人情况

①豫 AL××××汽车驾驶人宋某甲，男，56 岁，未取得驾驶证。事故发生时，宋某甲持有其兄宋某乙的驾驶证。

②宋某乙，男，驾驶证准驾车型为 A1、A2，驾驶证有效期至 2023 年 3 月 21 日，状态正常。

3）事故道路和天气情况

226 省道翟阳线起于马家庄东侧安林公路，止于林州市与卫辉市交界处的东岩村附近，林州境全长 54. 445 km，于 2005 年建成。道路按山岭重丘区二级公路标准设计，设计行车速度为 40 km/h。事故发生时天气晴天，能见度高，最大风速 2. 4 m/s，无雾。

（2）事故经过和救援情况

2015 年 3 月 2 日 23 时许，驾驶人宋某甲无证驾驶客车沿 226 省道由卫辉向林州方向行驶至 45 km+700 m 处弯道时，因车速过快，操作不当，车辆撞断公路右侧波形防撞护栏翻下山坡，造成客车内 20 人死亡、13 人受伤。

事故发生后，当地公安局交警大队前往现场救援，消防大队随后赶到参加现场救援。3 月 3 日 4 时 50 分，伤员全部被送往医院救治，现场救援结束，交通秩序恢复正常。

（3）事故原因分析

1）直接原因

豫 AL××××大型普通客车驾驶人宋某甲遇情况采取措施不当、超速行驶、无证驾驶，是事故发生的直接原因。

2）间接原因

当地公安交警部门履行路面执法管控职责不力，对贯彻春运期间严格检查 7 座以上客运车辆的规定执行不力，没有对经过辖区执法服务站的豫 AL××××大型普通客车进行检查登记，存在漏检事故车辆的问题。

（4）相关知识与管理借鉴

在这起事故中，大型客车驾驶人在连续弯道、坡度较大的道路上超速行驶，是导致事故发生的重要原因。车辆在行驶过程中，驾驶人的视野、视力都随车速的变化而变化。如果超速行驶，就会使驾驶人视野变窄、视力减弱，特别是在连续弯道、坡度较大的情况下，驾驶人的视野本身就受到限制，如果不控制好速度，那么就会雪上加霜，对前方突然出现的险情难以及时、准确、妥善地进行处置，最容易引发交通事故。

 9. 中型客车超速通过限宽水泥墩刮擦失控坠落河床

2015 年 4 月 4 日 19 时 30 分许，贵州省某交通运输有限责任公司（本案例简称运输公司）一辆号牌为贵 F0××××的中型客车，在途经纳雍县老凹坝乡通村水泥路时，坠入道路左侧垂直高度 51 m 的河床，造成 21 人死亡、3 人受伤、车辆严重损坏的重大道路交通事故，直接经济损失 1 249. 36 万元。

（1）事故相关情况

1）事故车辆情况。

贵 F0××××中型普通客车型号为万达 WD6608C3，行驶证登记所有人为运输公司，使用性质为公路客运，出厂日期为 2007 年 8 月 29 日，初次注册日期为 2007 年 9 月 4 日，检验有效期至 2015 年 9 月 30 日。客车安装有车载卫星定位系统及车载摄像设备。客车核载人数为 19 人，事故发生时实载 24 人。事故后经鉴定，该车事故发生时行驶速度为 38. 8 km/h。该车由运输公司织金车站管理，以全额抵押承包的方式由肇事驾驶人胡某经营。

2）车辆驾驶人情况

车辆驾驶人胡某（在事故中死亡），男，持准驾车型为 A1、A2 的驾驶证，初次领取驾驶证日期为 2003 年 3 月 21 日，驾驶证有效期至 2016 年 3 月 21 日，从业资格证从业资格类别为道路旅客、普通货物运输，从业资格证有效期至 2020 年 2 月 24 日。经鉴定检测，排除驾驶人酒驾嫌疑。

3）事故单位情况

运输公司经济类型为全民所有制，经营范围为汽车货运、汽车客

运、城市公共客运、汽车大修、出租汽车客运经营等。

4）事故道路和天气情况

发生事故道路为纳雍县老凹坝乡果儿盖村至老凹坝乡的通村公路，建设等级为四级，公路全长 9 km，其中支线 2. 53 km，设计速度 20 km/h，设计宽度 4. 5 m，水泥路面，与 307 省道 170 km+100 m 处连接。2014 年 3 月公路开工建设，主体工程于 2014 年 8 月完工，边沟等附属设施未全部完工，事故发生时公路尚未通过验收。

事故现场位于该通村公路 6 km+420 m 处，距连接 307 省道岔口 98. 8 m，呈东西走向，南侧路坎下为简易土路（土路下方为河谷，谷底与通村水泥路面垂直距离 51 m），北侧为边坡，往东连接 307 省道，往西通往老凹坝乡。道路线形为直线，事故车辆行进方向道路为上坡，纵坡为+2%，路基宽 4. 5 m。事故路段未安装防护设施，未设置警示标志。当地村民为防止重型车辆碾轧损坏道路，在事故发生地点设置了 2 个混凝土限宽墩，墩间净距 2. 35 m（肇事车宽 2. 18 m）。事故当日天气晴朗，路面干燥。

（2）事故经过和救援情况

2015 年 4 月 4 日（清明节假期）下午，贵 F0××××客车驾驶人兼承包人胡某的妻子李某某在织金车站内停车区以每人 50 元的价格（平时为每人 35 元），组织 18 名乘客拟乘坐胡某驾驶的客车前往纳雍县。16 时 35 分许，胡某驾驶客车由纳雍县返回织金，完成了当日正常班次任务后，驶入织金车站例检台进行车辆安全例检。在例检台上，该车装载了部分乘客的行李。

17 时 2 分，胡某以修车为由，将线路牌交给门岗后，驾车从车站进站口驶出车站，17 时 8 分许到达下寨加油站（距车站约 400 m）停车，17 时 10 分许其妻子组织的 18 名乘客从车站步行至该加油站上车。17 时 19 分许，该车装载乘客往纳雍县方向行驶。17 时 27 分，胡某在正常行驶中从仪表盘下取出车载卫星定位设备，扯断电源线，致使该车卫星定位设备掉线。18 时 0 分和 18 时 13 分，该车两次停车，有 5 名乘客上车；18 时 52 分，有 3 名乘客下车；19 时 2 分至 19 时 12 分，该车在武佐河大桥停车加水，其间又有 4 名乘客上车；19 时 17 分，1 名乘客下车，此时该车共载 24 人。

19 时 30 分许，该车行驶至 307 省道与纳雍县老凹坝乡通村公路交叉路口处，左转驶入通往老凹坝乡通村公路，车辆通过限宽水泥墩时，左前轮刮擦左侧限宽水泥墩后失控，翻下道路左前方，与斜坡上的石块儿接触后，再翻落到河床上，造成包括驾驶人胡某在内的 20 人员当场死亡、1 人受伤送医院抢救无效死亡、3 人受伤、车辆严重损坏的重大道路交通事故。

事故发生后，当地群众拨打电话报警并立即自发进行救援。4 月 4 日 19 时 36 分，当地消防大队、交警大队、特警大队赶到现场，立即投入救援；4 月 5 日 6 时许，现场清理完毕；8 时许，现场交通恢复。

（3）事故原因分析

1）直接原因

驾驶人胡某在驾车通过路面限宽水泥墩时，超速行驶、超员载客操作不当，致使客车左前轮与左侧限宽水泥墩刮擦后失控，向左前方驶出路面，坠落到河床上，造成事故。

2）间接原因

①车辆驾驶人（承包人）违反运输公司安全管理有关法律法规规定：一是在完成规定的运输任务后，私自揽客；二是恶意破坏车载卫星定位设备逃避监管；三是擅自在未经验收、不准许客运车辆通行的通村公路上行驶。

②运输公司织金车站安全管理不力：一是车站安全管理制度不完

善，对收班车辆管理不严格；二是车站动态监控平台管理混乱，监控制度执行不到位，特别是对本次事故车载卫星定位设备掉线后未及时上报并查清原因，对车辆逃避监管的行为失察；三是对车辆安全监督检查不到位，对营运车辆私自揽客、超员超速行驶的行为未能及时发现和制止；四是对客运车辆驾驶人违法行为处理不到位，公司对路检路查发现的车辆违规行为未按规定处理。

（4）事故教训与整改措施

运输公司要加强客运车辆驾驶人教育，把依法经营、安全经营作为行业基本道德标准，杜绝站外揽客、超员超速行驶等违法违规行为，确保驾驶人在驾驶过程中不超速、不超员、不疲劳驾驶、不接打手持电话、不关闭车载卫星定位设备，让乘客系好安全带，确保乘客生命安全。

（5）相关知识与管理借鉴

这起事故的发生，与驾驶人（承包人）违反安全管理规定有直接的关系，包括私自揽客、超员超速行驶、破坏车载卫星定位设备逃避监管、在不准许通行的通村公路上行驶。驾驶人的违规行为也与运输公司日常安全管理不严格、日常安全教育缺乏有关。

运输公司总结事故教训，在安全工作中存在以下漏洞：

1）安全管理制度不健全，对收班车停放、外出等没有制定严格的管理制度，车辆动态监控制度只针对正常发班的车辆。

2）公司对织金车站安全监督检查不到位，安全管理部门几乎不到织金车站检查安全工作，仅通过车站上报的信息评判该车站的安全工作情况，未发现车站存在的收班车管理、车辆动态监控平台管理混乱等严重安全隐患，公司安全管理部门对织金车站安全工作处于漏管状态。

10. 卧铺客车严重超载导致右前轮爆胎坠落桥下

2016 年 7 月 1 日 21 时 30 分左右，天津市津蓟高速公路宝坻区境内发生一起重大道路交通事故，造成 26 人死亡、4 人受伤，直接经济损失约 2 383.4 万元。

（1）事故相关情况

1）事故车辆情况

涉事车辆冀 EA××××为宇通牌 ZK6127HW 卧铺客车，核载人数为 38 人，初次注册日期为 2011 年 3 月 1 日，检验有效期至 2016 年 9 月 30 日。车辆技术状况检测日期为 2016 年 3 月 1 日，技术等级为一级。经查，该车辆出厂状况、注册登记证件、经营许可证件均合法有效。

2）车辆驾驶人情况

鞠某某，冀 EA××××大型卧铺客车驾驶人，男，44 岁，持准驾车型为 A1、A2 的驾驶证，初次领取驾驶证日期为 1997 年 9 月 26 日，驾驶证有效期至 2020 年 9 月 26 日。2002 年 8 月 21 日鞠某某取得道路运输从业人员从业资格证，资格证有效期至 2020 年 12 月 2 日。

鞠某某由车辆承包人武某某自行雇用，向邢台某运输集团有限公司备案，由该公司核查驾驶证、从业资格证等证件后，向鞠某某发放了上岗证，同意鞠某某驾驶该营运客车。

3）事故道路及环境情况

事故现场位于津蓟高速公路下行 K024+200 m 处，在天津市宝坻区境内。道路为南北走向，系全封闭、全立交、双向四车道高速公路，路基宽 28 m。道路中央设有波形钢制隔离护栏，事发路段由中央隔离护栏向右依次为第一车道、第二车道和应急车道。道路两侧为边沟，东侧边沟宽度为 11. 18 m。应急车道与边沟之间为波形钢制护栏，外部涂有灰色漆，护栏距地面高度为 0. 85 m。

津蓟高速公路下行 K024+348 m 处有一座桥，全长 80. 6 m，桥面距水面高度为 4. 5 m，桥两侧有护栏，结构为上下部分，上面部分为金属支架（涂有白色漆）和金属管结构（涂有橘黄色漆），高度为 0. 32 m，下面部分为钢筋混凝土结构，高度为 0. 8 m。该桥横跨闫东渠（人工渠），东西走向，水面宽 37. 6 m，水深约 4 m。

津蓟高速公路为沥青路面，道路平坦，无障碍物，夜间无照明。事故地点天气当时晴间多云，气温 24. 0 ℃，降水概率 10%，东南风 2~3 级。

4）涉事相关企业情况

①邢台某运输集团有限公司（本案例简称运输公司）为私营企业，经营范围为班车客运、包车客运、公交客运、客运站经营、旅行社及旅游客运、汽车改装及维修等。

②某物流货运站（本案例简称货运站）自 2013 年 12 月开始经营，无营业执照，未取得道路运输经营许可证。

5）事故客车承包经营情况

武某某为涉事车辆的承包人。武某某代表 6 个合伙人与运输公司签订客运班车承包经营合同，期限为 1 年，自 2016 年 1 月 1 日至 2016 年 12 月 31 日。

6）审批线路情况

涉事车辆邢台—沈阳线路于 2011 年 1 月 24 日经河北省道路运输管理局许可，经营期限自 2011 年 1 月 24 日至 2018 年 1 月 23 日。

（2）事故经过和救援情况

2016 年 7 月 1 日 13 时许，刘某某驾驶冀 EA××××大型卧铺客车由邢台出发前往沈阳。当时车上只有驾驶人刘某某、鞠某某，售票员贾某某和卫某某 4 个人，无乘客。车辆第一排行李舱内有一个大箱子，准备送到邢台市任县邮政局，车辆开往邢台市任县方向。

13 时 24 分左右，车辆停在邢台市北环高铁桥下，上了 3 名成年乘客后继续前行，停在任县邮政局卸下了大箱子后往巨鹿方向行驶。15 时 40 分左右，车辆在货运站院内装货（货物为轴承，质量为 9.42 t）。此后车辆继续行驶并不断有乘客上车。18 时 30 分左右，车辆停在黄石高速公路河北省衡水武强服务区，驾驶人关闭了车载卫星定位装置，19 时许由鞠某某驾驶该车辆继续前行开往黄骅港方向。20 时 23 分，车辆经由京沪高速九宣闸收费站（津冀界）驶入天津市境内，经由滨保高速转入津蓟高速行驶。

21 时 28 分，驾驶人鞠某某驾驶大型卧铺客车以 88 km/h 的速度（鉴定速度）在津蓟高速公路第二车道内由南向北行驶至 K024+200 m 处时，车辆右前轮爆胎，致车辆失控，车身右侧与道路钢制护栏连续刮擦挤压后，车辆前部又撞到桥东侧钢筋混凝土护栏南侧端头，坠到闫东渠内，造成鞠某某及车内乘车人共 26 人溺水死亡、4 名乘车人受伤及车辆、公路设施等损坏的重大道路交通事故。

7 月 1 日 21 时 31 分，当地公安局接群众报警后立即下达出警指令，同时向上级报告。2 日 6 时，事故现场清理完毕，恢复交通。

（3）事故原因分析

1）直接原因

大型卧铺客车右前轮爆胎是事故发生的直接原因。

2）间接原因

①车辆承包人为了获取更大利益，使用无道路货物运输资质的客车从事货物运输；擅自改变许可路线，不按许可站点经营；故意关闭车载卫星定位装置，逃避监管。

②运输公司及其下属公司安全生产主体责任不落实，安全管理工

作严重缺失，对事故车辆长期包而不管，使事故车辆长期违规运行。公司对涉事车辆长期不按许可的线路、站点运行的行为缺乏管理；对车辆动态监控制度形同虚设，管理责任不落实，道路运输车辆动态监控工作执行不到位；对涉事车辆的驾驶人员、乘务人员进行安全教育培训不到位。

③货运站无营业执照非法经营，未取得道路运输经营许可，非法从事道路货物运输场站经营，长期为无道路货物运输资质的车辆配载货物；为客车配载货物违反操作规范，超出车辆设计载质量。

（4）事故教训与整改措施

相关企业要进一步健全、落实企业内部安全管理制度，建立长途客车驾驶人综合状态评测制度，及时掌握驾驶人精神状态和身体状况，保证驾驶人驾车前综合状态良好；要强化对客车行驶记录仪的管理，进一步完善营运客车在途安全驾驶监管，充分运用科技手段提高管理效率和水平；要落实企业安全生产主体责任，对挂靠、个人承包和包车客运的车辆要特别加强监督管理。

（5）相关知识与管理借鉴

在这起事故中，客车设计载质量约 7. 47 t，拉载的货物（轴承）就达到 9. 42 t，超过了客车的载质量，再加上 26 位乘客和驾驶人、乘务人员，严重超过了客车的承载能力。这样严重超过承载能力的客车在公路上行驶，极容易发生事故。

11. 小型客车右前轮制动盘不能正常运转致使与对向货车迎面相撞

2015 年 5 月 2 日 1 时 10 分左右，天津市滨海新区津歧公路 48 km+900 m 处发生一起重大道路交通事故，造成 10 人死亡、3 人受伤，直接经济损失约 373. 8 万元。

（1）事故相关情况

1）事故车辆情况

①津 RJ××××灰色江淮牌小型普通客车，核载人数为 7 人，2006 年 8 月 15 日注册，检验有效期至 2015 年 8 月 31 日。车辆使用性质为非营运，行驶证登记所有人为袁某某。

②冀 JB××××红色豪泺牌重型自卸货车，行驶证登记所有人为黄骅市某运输队，核定载质量为 12 550 kg，2009 年 4 月 24 日注册，检验有效期至 2012 年 4 月 30 日。该车辆使用性质为货运。

2）车辆驾驶人情况

①袁某某，男，事故小型客车驾驶人，持有准驾车型为 C1 的驾驶证，初次领取驾驶证日期为 2014 年 2 月 16 日，驾驶证有效期至 2020 年 2 月 16 日。

②王某某，男，事故货车驾驶人，持有准驾车型为 A2 的驾驶证，初次领取驾驶证日期为 2012 年 7 月 12 日，驾驶证有效期至 2024 年 7 月 12 日，王某某无道路运输从业人员从业资格证。

经检验，驾驶人王某某、袁某某血液中未检出酒精成分和毒品成分。

3）事故道路和天气情况

事故现场位于天津市滨海新区津岐公路大港段（省道），二级公路，南北走向，沥青路面（路基宽 18 m，路面宽 16 m），双向四车道，中心线两侧各有一条机动车道（宽 3. 75 m）和一条机动车、非机动车混行车道（宽 4. 25 m），两侧土路肩宽 1 m。行车方向路段（大港至津南方向）为位于两条反向平曲线之间的直线段，前后平曲线半径分别为 700 m 和 600 m。

津岐公路津南至大港方向的 48 km+430 m 处和大港至津南方向的 49 km+46 m 处分别设有“反向弯路减速慢行”的交通警告标志，

道路西侧有路灯照明。事故发生时天气为阴，能见度 500~700 m。

（2）事故经过和救援情况

2015 年 5 月 1 日 17 时左右，包工头高某某（事故发生时坐在小客车副驾驶位置，已在事故中死亡）在津南区小站桥口找了 10 名临时工，租乘袁某某（已在事故中死亡）驾驶的小型客车（实载 12 人），赴黄骅市南排河码头进行卸船作业。作业从 1 日 21 时开始，2 日 0 时 40 分左右结束。卸船作业结束后，11 人仍乘坐袁某某驾驶的小型客车，由黄骅市南排河码头返回天津市。

2 日 1 时 10 分左右，小型客车沿津歧公路中心线东侧机动车道由南向北行驶至津歧公路 48 km+900 m 处时，因车辆右前轮制动盘不能正常运转，导致车辆突然驶入对向车道，在西侧机动车道内车辆右前角及右侧与沿津歧公路由北向南行驶的事故货车前部相撞，造成 9 人当场死亡、1 人经医院抢救无效死亡、3 人受伤的交通事故。

5 月 2 日 1 时 16 分，当地公安局交警大队接到报警后，迅速调派警力赶赴事故现场进行处置，启动应急预案，按要求逐级上报事故情况。有关部门领导高度重视，第一时间赶赴事故现场，全力以赴开展应急救援工作。

（3）事故原因分析

1）直接原因

驾驶人袁某某驾驶的小型客车右前轮制动盘不能正常运转，导致车辆转向失控驶入对向车道，是造成本次事故发生的直接原因。

事故小型客车超员载客是使本次事故扩大的主要原因。

经天津市滨海新区公安局出具的道路交通事故认定书认定：事故小型客车驾驶人袁某某对本次事故负有全部责任。

2）间接原因

①相关交通警察大队在严厉整治道路交通违法行为中，道路巡

查、打击车辆超员等违法行为不力。

②天津市客运交通管理办公室稽查执法大队对非营运车辆无证经营、非法载客行为打击不力；天津市公路养护工程处公路设施养护所贯彻执行《道路交通标志和标线》标准不到位，标线线段长度未及时进行调整。

③河北省黄骅市公安交通警察大队对车辆源头管理工作存在漏洞，未按规定注销漏检车辆。

（4）相关知识与管理借鉴

事故之后，经鉴定，事故小型客车右前轮制动盘不能正常运转，是造成该车转向失控的机械原因。经鉴定，事故小型客车碰撞前的瞬时速度约为 55 km/h，事故货车制动前的瞬时速度约为 49 km/h。

制动系统对于汽车行驶安全至关重要，但是对制动系统的维护保养却常被驾驶人所忽视。许多驾驶人往往等到发现制动系统工作不正常的时候，才对制动系统进行检修，这样做容易引发危险，很有可能由于突发故障导致制动失灵酿成大祸。因此，只有经常对制动系统进行维护保养，才能保证制动系统的正常工作，进而保证行驶安全。

通常来讲，汽车的制动系统最终都由制动器摩擦片（盘式）或制动蹄摩擦片（鼓式）实现制动作用，因此要定期检查制动器摩擦片或制动蹄摩擦片的厚度。需要注意的是，当发现其厚度接近或小于制造商规定的最小厚度时应立即更换。检查摩擦片的同时，还要检查制动盘或制动鼓的磨损，如接触表面出现凹痕要及时进行维修以保证制动时的接触面积，提高制动力。出车前要检查制动液的液面，如发现液面下降，要立即检查制动液管路是否有泄漏的地方。制动液由于吸收空气中的水分，时间长了就会失效，要根据汽车制造厂商的规定定期更换制动液。

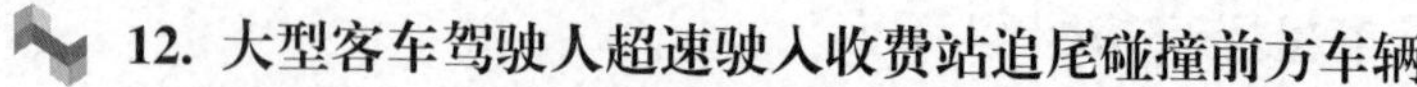

12. 大型客车驾驶人超速驶入收费站追尾碰撞前方车辆

2013 年 12 月 16 日 20 时 52 分许，深圳市龙岗区惠盐高速荷坳收费站广场发生一起 3 车连环追尾的道路交通事故，事故造成 3 人死亡、1 人重伤、4 人轻伤，直接经济损失约 460 万元。

（1）事故相关情况

1）事故车辆情况

①粤 NM××××大型客车品牌为桂林大宇，型号为 GDW6121HK1，核载人数为 47 人，属公路客运性质，检验有效期至 2013 年 12 月。车辆行驶证登记所有人为陆丰某运输公司。事故发生时该车实载 31 人，执行正常班线运行，于 20 时 52 分许到达荷坳收费站。

②鲁 H4×××× 重型半挂牵引车品牌为欧曼，车辆型号为 JQ9408CCY，属公路货运性质，检验有效期至 2014 年 11 月 30 日。车辆行驶证登记所有人为山东某运输公司。半挂牵引车两侧及车尾部粘贴反光贴，但大部分反光贴被遮盖。该车超载 25%，无超速，无改装。

③粤 BR××××重型厢式货车属企业自有货运性质，型号为乘龙 LZ5250XXYRCM，检验有效期至 2014 年 9 月。车辆行驶证登记所有人为深圳某包装公司。

2）车辆驾驶人（乘务员）情况

①钟某某，粤 NM××××客车驾驶人，男，驾驶证准驾车型为 A1、A2；初次领取驾驶证日期为 1985 年 1 月 10 日，驾驶证有效期至 2015 年 1 月 10 日。钟某某持有道路运输从业人员从业资格证，从业资格证有效期至 2015 年 6 月 30 日。钟某某经酒精、毒品检测，未发现异常；经调查，未发现其在身体、心理、生活方面有异常情况，也未发现其事发前 48 h 内超负荷工作情况，当日驾车时无通话记录。

②杨某某，粤 NM××××客车乘务员，男，2012 年 3 月 20 日入职，事发前未有效督促乘客正确使用安全带。

③梁某某，鲁 H4××××车辆驾驶人，男，驾驶证准驾车型为 A2；初次领取驾驶证日期为 1998 年 11 月 16 日，驾驶证有效期至 2022 年 11 月 16 日。

④黄某某，粤 BR××××车辆驾驶人，男，驾驶证准驾车型为 A2；初次领取驾驶证日期为 2003 年 8 月 1 日，驾驶证有效期至 2015 年 8 月 1 日。

3）事故相关单位情况

①陆丰某运输公司成立于 2000 年 6 月，为民营企业，主要从事市际班车、县际班车、县内班车经营，近 3 年未发生较大及以上生产经营性道路交通事故。

②山东某运输公司成立于 2010 年 9 月，经营范围为普通货运及货物专用运输。公司有车辆 51 辆，平时主要从事全国各地物流配送。

③深圳某包装公司为外商独资企业。公司拥有 4 辆货车，10 辆小型客车。

4）事故道路和天气情况

荷坳收费站及其广场周围交通安全设施齐全，现场灯光良好，进入收费站广场前 500 m 处有限速 40 km/h 的标志，前 100 m 处有限速 5 km/h 的标志，减速警示标志设置明显。根据市气象部门信息，事发地当时为小雨。

（2）事故经过和救援情况

2013 年 12 月 16 日 20 时 52 分许，驾驶人钟某某驾驶粤 NM××××大型客车沿粤赣高速公路由东往西方向行驶至惠盐高速荷坳收费站广场时，该车车头与正在排队等候交费、由梁某某驾驶的鲁 H4××××重型半挂牵引车车尾发生碰撞，半挂牵引车车头又碰撞前面正在排队等候交费、由黄某某驾驶的粤 BR××××重型厢式货车车尾。

碰撞发生后，粤 NM××××大型客车车头严重受损，驾驶人钟某某、乘务员杨某某当场死亡，乘客詹某某经送医院抢救无效死亡，事发时许多乘客未系安全带，固定座位的螺栓脱落，致使 28 名乘客不同程度受伤，经诊断，1 人重伤、4 人轻伤（其余 23 人轻微伤，经简单医治无碍后离院）；鲁 H4××××重型半挂牵引车及其车载货物、粤 BR××××重型厢式货车损坏。

事故发生后，当地应急指挥中心按照突发事件分级负责、逐级响应的原则及时开展应急响应和信息报送工作。市、区相关部门的领导和工作人员分别赶赴事故现场，积极组织救援。因碰撞后大型客车车头变形严重，多名乘客受伤，给救援工作造成了困难，公安交警和消防救援人员在抢救中动用了许多设备并花费了较长的时间。与此同时，事故现场还成立了善后处置工作组，紧张有序地开展善后处置工作。

（3）事故原因分析

1）直接原因

粤 NM××××大型客车驾驶人钟某某违反安全行驶的有关规定，超速驶入荷坳收费站站前广场，且在事故发生前未采取任何措施，以致该车车头与前方等待交费的车辆发生连环碰撞，导致事故发生。

2）间接原因

①陆丰某运输公司未能按规定配备足够数量的专职安全管理人员，未能有效落实安全生产日常管理工作，利用未经报备的粤 NM××××车辆执行故障车辆替班任务。公司未能利用车载设备有效管理驾驶人员的违规行为，防范事故的发生。

②陆丰某运输公司维护保养单位未能发现粤 NM××××大型客车固定座位存在的安全隐患，致使事故伤害后果扩大，也未能发现该车辆

制动不合格等问题。

③陆丰某运输公司乘务员杨某某在车辆高速行驶过程中，未能按岗位职责有效督促乘客正确使用安全带，致使事故伤害后果扩大。

（4）事故教训与整改措施

事故之后，经公安交警部门认定，粤 NM××××大型客车是这起道路交通事故的全责方。

对道路运输企业来讲，要严格执行安全生产各项规章制度，做好驾驶人体检、岗前培训、出车前安全告诫、从业行为定期考核等工作；要认真开展安全隐患排查和治理工作，加强对车辆维护保养，积极利用车载设备提升对车辆的动态监管水平；要做好安全管理台账的记录和保存工作。公司要层层签订安全生产责任书，把安全生产责任制逐级落实到每一名员工。公司要广泛开展安全生产宣传培训活动，在加大对驾驶人和乘务员等从业人员安全培训的同时，还应加大对车载旅客的交通安全宣传。

13. 客车雨天在高速公路行驶操作不当发生相撞事故

2018 年 4 月 12 日，连霍高速公路江苏连云港段发生一起较大道路交通事故，造成 8 人死亡、1 人重伤、36 人轻伤，直接经济损失约 742 万元。

（1）事故相关情况

1）事故车辆情况

①豫 AE××××大型普通客车，型号为金龙 XMQ6129FYD，出厂日期为 2012 年 10 月 11 日，初次注册日期为 2012 年 10 月 26 日，行驶证登记所有人为河南某汽车旅游服务有限公司（本案例简称旅游服务公司），核载人数为 57 人，使用性质为旅游客运，检验有效期至

2018 年 4 月 30 日，机动车状态为正常。

豫 AE××××大型普通客车实际车主为崔某和张某某，二人各占一半股份。二人购车后与旅游服务公司签订经营合同，将车辆登记在公司名下，由公司办理营运手续。

②苏 G3××××小型普通客车型号为本田 DHW6483T5ASE，出厂日期为 2017 年 12 月 8 日，初次注册日期为 2018 年 1 月 10 日，行驶证登记所有人为陈某某，使用性质为非营运，核载人数为 5 人，检验有效期至 2020 年 1 月 31 日。

2）车辆驾驶人情况

①豫 AE××××大型普通客车驾驶人邵某某，男，33 岁，驾驶证准驾车型为 A1、E，驾驶证状态正常。经核查，驾驶人邵某某的驾驶证申领、审验合法有效，道路运输从业人员从业资格证合法有效，邵某某在此事故中受轻微伤。

②苏 G3××××小型普通客车驾驶人陈某某，男，30 岁，驾驶证准驾车型为 C1，驾驶证状态正常。经核查，驾驶人陈某某的驾驶证申领、审验合法有效。陈某某在此事故中受伤。

3）事故道路和天气情况

事发路段位于连霍高速 K61+250 m 处，道路设计速度 120 km/h，双向四车道，全立交全封闭。

事发路段为直线段，路面纵坡为 0.8%（上坡段），路面横坡为 2%，沥青混凝土路面，路基宽度共计 28 m，应急车道和中央分隔带处有白色单实线，第一车道和第二车道之间有白虚线，中央分隔带两侧设置了波形梁护栏，护栏中间种植了蜀桧。

经核查，事发路段技术指标符合有关标准规范要求，该路段近 3 年未发生过道路交通事故，也未发现该道路存在安全隐患。

事故发生时，现场天气为小雨。经核查，事故时路面潮湿，无积水，无雾，无遮挡物影响视线。

4）事故相关单位情况

旅游服务公司成立于2007年2月6日，经营范围为包车客运、旅游客运、信息咨询、汽车租赁。

（2）事故经过和救援情况

2018年4月10日5时30分左右，邵某某从办公室拿到起讫地为郑州、柳市，途经徐州、连云港、日照、潍坊、涡阳、蒙城等地的客运包车牌（事后查明该包车牌系伪造）后，驾驶豫AE××××大客车前往约定地点接人，准备前往山东潍坊。

邵某某驾驶大客车载45人，于当天16时30分左右到达某医药公司停顿约1 h后，开车到达酒店办理入住手续，然后开车至2 km外一饭店就餐，并将车辆停于饭店停车场。

4月11日7时许，邵某某将乘客载往医药公司进行参观，14时左右返回饭店吃饭，然后驾车将乘客送至酒店休息。18时左右邵某某又驾车载乘客至饭店就餐，结束后送乘客回酒店入住，又将车辆送至饭店停车场。

4月12日7时左右，邵某某驾车接乘客出发，从潍坊西进入青银高速，经沈海高速，于13时许到达连云港连岛景区。其间邵某某在客车上食用方便面。14时30分许，邵某某驾驶客车从连岛景区出发，驶入连霍高速（G30），至锦屏山服务区休息。15时30分邵某某驾车从服务区出发，沿连霍高速由东向西往徐州方向行驶。15时50分许，车辆行驶至连霍高速K61+250 m处，邵某某驾驶大客车穿越中心护栏与陈某某驾驶的苏G3××××本田牌小型普通客车（实载4人）相撞，共造成8人死亡、1人重伤、36人轻伤。

事故发生后，当地公安、交通、消防、“120”急救、路政等部门迅速开展抢救伤员、勘查现场、调查取证、车辆救援、现场清理等工作，当日19时恢复交通。

（3）事故原因分析

1）直接原因

①大客车驾驶人邵某某雨天驾驶车辆轮胎不符合技术标准的车辆，操作不当，是导致事故发生的直接原因。

②邵某某未履行安全提醒义务。事发时肇事大客车内大部分乘客未系安全带，驾驶人未按规定进行提醒，导致事故发生时多人被甩出车外，扩大了事故伤亡后果。

2）间接原因

①旅游服务公司未严格履行安全生产主体责任，未认真教育督促从业人员严格执行公司的规章制度和操作规程，导致邵某某雨天驾驶时操作不当。

②旅游服务公司安全生产管理不到位，豫AE××××大客车未按公司规定定期回公司例检，事故发生时该车轮胎花纹磨损严重，存在安全隐患；公司对该车动态监控中有时不在线的问题没有及时采取有效措施解决。

（4）事故教训与整改措施

1）旅游服务公司要进一步落实安全生产主体责任，建立健全安全生产各项制度，有效加强对所属车辆和驾驶人的安全管理，确保各项安全生产规章制度落实到位。

2）旅游服务公司要加强对驾驶人的安全考核培训教育，保证从业人员具备必要的安全生产知识，熟悉有关的安全生产规章制度和安全操作技能，提升从业人员的安全意识和对突发事件的应急处置能力；公司要利用卫星定位监控平台对公司客运车辆进行全过程监控，卫星定位装置出现故障不能保持在线的客运车辆不得运行。

(5) 相关知识与管理借鉴

一般来说，正常使用的轮胎寿命是5年，过了5年即使胎纹的磨损很小也最好换掉，因为胎面的橡胶会发生老化产生裂纹，许多细小的裂纹正是造成爆胎的原因。轮胎气压过高和过低都会缩短轮胎的使用寿命。气压过低会使胎体变形，增大胎侧压力，容易出现裂口，同时产生屈挠运动，使轮胎内层受到的压缩力与外层受到的伸张力大大超过允许的屈挠极限，导致轮胎过度生热，促使橡胶老化、帘布层疲劳、帘线折断。气压过低，还会使轮胎接触地面面积增大加速胎肩磨损。气压过高会使轮胎帘线过度伸张变形，胎体弹性下降，使汽车在行驶中受到的负荷增大，如遇冲击轮胎会产生内裂和爆破。同时，气压过高还会加速胎冠磨损并使耐扎性能下降。此外，还需要注意装载量是否合理。一般情况下，车辆经常超载20%轮胎寿命减少30%，经常超载40%轮胎寿命减少50%。另外，急速转弯、紧急制动、高速起步以及急加速等都会加快轮胎的磨损程度。

14. 司机疲劳驾驶车辆失控与道路护栏碰撞起火燃烧

2016年6月26日，湖南省郴州市宜凤高速公路宜章段发生一起客车碰撞燃烧起火特别重大道路交通事故。

(1) 事故相关情况

1) 事故车辆情况

湘D9××××金龙牌大型普通客车，核载人数为55人，出厂日期为2009年8月5日，初次注册日期为2009年8月11日，行驶证登记所有人为衡阳市某旅游客运有限公司（本案例简称旅游客运公司)，检验有效期至2016年8月31日。公司于2010年12月23日取得道路运输经营许可证，经营范围为市际旅游包车。经查，事故车辆注册时车辆技术指标和安全设施、安全状况均符合国家相关标准的规定要求。

车辆发生事故时实载 57 人，其中包括驾驶人 1 人、旅游团领队 1 人和游客 55 人，超员 2 人。

2）车辆驾驶人情况

刘某某，男，41 岁，事故车辆驾驶人，初次领取驾驶证日期为 1998 年 7 月 31 日，驾驶证准驾车型为 A1、A2、E，驾驶证有效期至 2026 年 7 月 31 日。2009 年 7 月 23 日经考试合格，刘某某取得道路运输从业人员从业资格证，资格证有效期至 2021 年 6 月 22 日。

3）事故道路和天气情况

事故路段位于宜凤高速公路（湖南省郴州市宜章县至广东省清远市凤头岭）33 km+856 m 至 34 km+106 m 处，道路为双向四车道，两侧设有应急车道，行车道宽 3.75 m，应急车道宽 3.25 m。事故路段路线为直线下坡，纵坡 0.5%、横坡 2%，北接设置超高的圆曲线，圆曲线半径为 656 m，纵坡 4.7%。经查，事故路段中央分隔带设置的活动护栏与混凝土护栏形成了完整平滑的线性过渡，事故路段的技术指标、安全防护设施、标志标线均符合国家相关标准的规定要求。

经调查发现，6 月 26 日 5 时至 11 时，事发路段所在地最高气温 30.9 ℃，最低气温 25.9 ℃，平均气温 28.9 ℃，天气晴朗，无降水和雷电，能见度较高。

（2）事故经过和救援情况

6 月 26 日 5 时 54 分，旅游客运公司驾驶人刘某某驾驶湘 D9×××× 大客车从位于衡阳市蒸湘区阳辉村的家中出发，按照旅游客运公司的包车派单计划，准备搭载乘客前往郴州市莽山景区开展漂流活动。刘某某驾车先在衡阳市区接到 2 名乘客，然后于 6 时 49 分进入耒阳区，在神农广场接到其他全部乘客。

8 时许，车辆从神农广场出发前往郴州市莽山景区。8 时 12 分车辆由耒阳收费站进入京港澳高速公路，9 时 21 分驶入京港澳高速公路苏仙服务区，9 时 34 分从服务区驶出。10 时 19 分，当车辆行驶至郴州市宜凤高速公路宜章段 33 km+856 m 处时失控，先后与道路中央护栏发生一次刮擦和三次碰撞。

第三次碰撞发生后，车辆冲上东溪大桥桥面继续向前行驶。在东溪大桥行驶过程中，驾驶人采取了制动措施，车辆逐渐减速并向右前方变线，在车辆右前角接近东溪大桥路侧混凝土护栏时停止，于 10 时 20 分左右起火燃烧。

事故车辆停止后，车上的乘客要求驾驶人打开车门，刘某某尝试打开车门但没有成功，向乘客答复门打不开了，随即从左侧驾驶室窗口逃出车外。在此过程中，坐在副驾驶位置的旅游团领队黄某某用灭火器砸前风挡玻璃欲破窗逃生但未成功，也从驾驶室窗口逃出。车辆前排座位乘客拥挤至驾驶室，争抢着从驾驶室窗口逃生，先后共有 15 人（含驾驶人刘某某和旅游团领队黄某某）逃出。此时，路过事故路段的一辆公路养护车和一辆运钞车先后赶来救援，公路养护车和运钞车上人员将事故车辆右后部第一和第二块车窗玻璃打破，先后有 7 人被救出生还。车上其余人员未能及时疏散逃生，造成了重大人员伤亡事故。

6 月 26 日 10 时 22 分，当地高速公路交通警察局接到报警，10 时 45 分，民警赶到现场，立即对道路实行了双向交通管制。公安交警部门陆续向现场增派了约 50 名警力，全力开展救援、警戒和分流示警等工作。11 时 7 分，现场明火被扑灭，被交通管制车辆开始单向放行。

事故造成 35 人死亡、13 人受伤，车辆烧毁，高速公路路面及护栏受损。

(3) 事故原因分析

1) 直接原因

事故直接原因包括刘某某疲劳驾驶、油箱破损漏油和安全锤放置位置不合理3个方面。

刘某某疲劳驾驶。经调查认定，驾驶人刘某某疲劳驾驶是导致车辆刮擦、碰撞中央护栏的主要原因。具体表现在以下3个方面：

①驾驶人休息时间不满足安全驾驶要求。据调查了解，刘某某于6月23日从衡阳出发，接旅游团前往广西桂林游玩，直至6月25日23时左右才返回家中，累计行驶1 000 km。在此期间，刘某某连续3天于早晨7时前带团出发，其间除长时间驾驶车辆外，还陪同游客到景区游玩，晚上睡觉的时间均在0时以后，身体没有得到充分休息。

6月25日23时左右回家后，刘某某又用手机浏览新闻、观看视频，直至6月26日凌晨1时左右才休息。5时20分，刘某某被闹钟叫醒，但自己感觉没有睡醒，便将闹钟关掉后继续睡觉，直到5时48分接到一名乘客询问乘车情况的电话后才起床，当晚实际休息约4小时20分，睡眠严重不足，加之此前刘某某已连续多日未充分休息，造成过度疲劳影响安全驾驶。

②驾驶人精神状态符合疲劳驾驶的情形。经过多名生还乘客证实，6月26日7时10分左右在神农广场时发现刘某某趴在转向盘上睡觉，直到8时许发车时刘某某才醒来，驾驶过程中刘某某存在打哈欠等精神不振的情况，在途中有乘客提出要去高速公路服务区后，刘某某将收费站出口匝道误以为是服务区入口而走错路。刘某某自己也交代，其驾驶车辆进入车流量相对较少的宜凤高速公路后，由于车流量较少，自己精神不集中，有采取左右大幅转头、缓解颈部疲劳等动作，此后还是在驾驶的过程中睡着了，车辆发生碰撞后才醒过来。

③现场痕迹符合疲劳驾驶造成事故的形态。根据现场勘查情况判

断，该车最初与中央护栏刮擦后的一段时间内，刘某某未采取任何安全措施，导致车辆继续前行 49 m 与中央护栏发生严重碰撞，显示刘某某处于疲劳无意识状态。

油箱破损漏油。经调查认定，事故车辆右前轮轮毂与地面摩擦产生高温，引燃了车辆油箱内泄漏流淌到地面上的柴油，是造成车辆起火燃烧的主要原因。

安全锤放置位置不合理。经检测，事故车辆车门技术状况良好，在事故中已经启动并处于外摆状态。正常打开时车门最大外摆距离为 35 cm，但是，由于车辆最终停止时右前角紧挨路侧混凝土护栏，车门外摆 6 cm 后即被护栏顶住，展开受阻，致使车门无法被有效地打开。经对事故车辆内遗留物进行清理，共发现 5 把安全锤，其中有 4 把被放置在驾驶人座位左下侧储物箱内，放置位置不符合规定要求，影响乘客破窗逃生。

综上所述，事故直接原因是：驾驶人刘某某疲劳驾驶造成车辆失控，与道路中央护栏发生碰撞事故。碰撞导致车辆油箱破损、柴油泄漏，车辆右前轮向外侧倾倒，轮毂上的螺栓、螺母与地面持续摩擦产生高温。车辆停止后，路面上的柴油遇到因摩擦产生高温的右前轮后起火。车辆右前角紧挨路侧护栏，车门无法有效展开，车上乘客不能及时疏散，且安全锤未按规定放在车厢内，乘客无法击碎车窗逃生，造成重大人员伤亡。

2）间接原因

①旅游客运公司管理混乱。旅游客运公司拥有大型客车 32 辆，其中 10 辆车辆为公司通过按揭贷款方式购买，其余车辆为车主自筹资金购买后带车入股。事故车辆实际所有人为驾驶人刘某某与蒋某某（旅游客运公司员工）、王某某（旅游客运公司业务经理），三人于 2014 年联合出资购买该车，注册在旅游客运公司名下，日常以旅游

客运公司名义从事旅游客运活动，但未与旅游客运公司签订承包经营合同。旅游客运公司每月除从车辆经营收入中抽取3%的费用外，还向该车收取1 000元的车辆管理费和100元车辆动态监控管理费。

②旅游客运公司客运车辆驾驶人备案及交通违法处理不符合规定。2014年1月至2016年6月，旅游客运公司定期将企业聘用的客运车辆驾驶人名单向公安局交通警察支队进行备案，累计备案驾驶人54名。但是，旅游客运公司客运车辆已处理的274人次违法中，实际由123名驾驶人承担处罚（有113人被记分），接受处罚的驾驶人数远远多于企业向公安交管部门备案的驾驶人数。其中，有一辆客运车辆有24人次处罚，累计扣分72分，涉及11名驾驶人。

③事故车辆动态监控装置运行管理混乱。6月23日15时16分开始，事故车辆动态监控装置发生故障，无法正常定位。此后到事故发生时，事故车辆的动态监控装置虽然显示在线，但是车辆显示位置没有随着车辆运动而实时更新，一直显示在故障前最后一次正常定位的地点。旅游客运公司动态监控员李某于6月24日上午11时左右在公司监控平台发现不能正常显示该车定位的问题，未进行报告处理，后续也没有及时跟踪解决该问题。6月26日早8时至事故发生时，李某一直未在监控岗位。

（4）事故教训与整改措施

1）要进一步加强营运客车驾驶人的教育培训。有关部门要进一步总结大客车驾驶人员职业教育的试点经验，适时推广，通过系统、全面的职业教育培训，从源头上解决大客车驾驶人员整体素质不高、安全意识淡薄等问题。此外，运输企业要进一步加强对营运客车驾驶人员的入职培训和日常教育培训，完善驾驶人员驾驶证和从业资格证审验，加大对道路交通安全法律法规、安全行车常识、典型事故案例等内容的学习，时刻强化安全责任意识。有关部门要督促运输企业制定完善应急预案，明确客运车辆驾驶人的应急处置职责和程序，切实开展应急演练，有效提升驾驶人突发紧急情况下的应急处置能力和水平。

2）进一步提升营运客车安全技术性能。事故企业要针对此次事故中暴露出的大型客车安全隐患问题，全面开展排查整治工作，为单门、全封闭车窗的大中型客车更换符合标准的安全锤，鼓励在客车两侧的应急窗加装破窗器或使用外推式车窗，并为所有大型客车配发安全告知光盘或安全须知卡，告知乘客车上安全设施的使用方法和应急逃生知识。有关部门要加快研究制定《营运客车安全技术条件》，对营运客车的内饰材料阻燃性、应急逃生、防侧翻等方面的性能，提出更高、更严格的技术要求，积极开展疲劳驾驶报警、自动紧急制动、车道偏离报警等智能主动安全技术在大中型客车上的应用研究。

3）进一步推动道路旅客运输企业提升安全管理工作水平。有关部门要严格道路旅客运输市场准入管理，鼓励道路客运企业实行规模化、公司化经营，对新设立的企业要严格审核安全管理制度和安全生产条件，强化道路运输企业安全主体责任。要建立道路客运企业安全生产诚信体系，开展企业安全生产诚信评价，将诚信评价结果与企业运力发展、服务招投标、扩大经营范围和规模审批、评比表彰等方面挂钩，不断完善安全管理的激励约束机制。要建立以安全为导向的市场退出机制，对发现存在违规营运和安全隐患的运输企业和驾驶人员要及时处理；对存在重大安全隐患或不具备安全生产条件的运输企业，要责令其停业整顿；经停业整顿后仍不具备安全生产条件的，报请当地政府批准后，依法吊销其相关证照，予以关闭。

4）进一步完善包车客运安全监管措施。有关部门要严格落实旅游包车客运标志牌管理制度，在继续巩固省际旅游包车网上全程申请、审核、打印功能的基础上，进一步推动市际及以下等级旅游包车全面使用包车客运管理信息系统，完善包车合同等资料的网上审核功能，从根本上避免违规发放空白包车牌证的情况发生。

15. 客车雨天在高速公路行驶未降低速度导致多车相撞

2017年10月2日18时17分许，大广高速通许段1 963 km+900 m处发生一起客车雨天在高速公路行驶未降低速度导致多车相撞的较大道路交通事故，事故造成5人死亡、38人受伤，直接经济损失约483万元。

（1）事故相关情况

1）事故车辆情况

豫S4××××大型普通客车，行驶证登记所有人为信阳某集团有限责任公司固始客运公司（本案例简称客运公司），车型为北方牌BFC6127HSA，使用性质为公路客运，核载人数为50人，2012年8月4日出厂，2013年1月11日注册，检验有效期至2018年1月。

2）车辆驾驶人情况

豫S4××××大型普通客车驾驶人刘某某，男，驾驶证准驾车型为A1、A2，初次领取驾驶证日期为2002年3月14日，驾驶证有效期至2024年3月14日。事故发生后对刘某某抽血检查，经鉴定未检出血液中有酒精成分。

3）事故相关单位情况

客运公司有车辆142辆，其中省际班车50辆、市际班车9辆、县际班车33辆、县内城乡公交50辆。公司经营范围为公路客运、汽车维修。

4）事故道路和天气情况

事故路段大广高速通许段等级为高速公路，双向四车道。此路段道路呈南北走向，路面类型为沥青混凝土路面，东西半幅中间有分隔带，两侧有护栏，道路分超车道、行车道和应急车道。道路两侧有0.6 m宽的路肩和2.8 m深的排水沟，路两侧护栏安装有警示灯。事故现场位于大广高速西半幅1 963 km+900 m处，处于半径为7 500 m的圆曲线内，道路纵坡约为0.1%，路面有标志、标线。路段限速情况为：小型车120 km/h，大客车90 km/h，大货车90 km/h。事故发生时正下小雨，路面湿滑，天微黑，车流量大，车辆排队缓慢通行。

（2）事故经过和救援情况

2017年10月1日，豫S4××××大型普通客车在没有当日发车班次的情况下，早晨7时就开始在固始县城附近绕圈运行，1 h后返回固始汽车站院内，9时45分在固始汽车站门检处以修车为由出站，擅自离站发往北京，出车站时为空车。

10月2日早晨5时53分，何某某驾驶豫S4××××大型普通客车自北京市莲花池汽车站站外回南路南七家（距莲花池汽车站约36 km）出发；10时17分刘某某驾车从狼垡沿大广高速行驶；13时43分客车在河北南宫县服务区停车，换何某某继续驾车行驶；16时38分客车到达封丘服务区，换刘某某驾车行驶至事故发生地点。

10月2日18时17分许，刘某某驾车沿大广高速西半幅由北向南行驶至大广高速1 963 km+900 m处时，雨天行驶未降低车速，未与前车保持足以采取紧急制动措施的安全车距，遇到紧急情况时操作不当，致使所驾驶车辆失控向左侧翻，先后与前方因车流量大而缓慢通行的多辆车辆发生连环相撞事故。

事故发生时豫S4××××大型普通客车实载47人，事故造成4人当场死亡，1人经医院抢救无效死亡，38人受伤，4辆车不同程度损坏及道路设施受损。

10月2日18时20分，当地公安局高速交警支队接到报警，高速支队事故大队民警立即行动，共出动警力130人、救护车20辆、消防车7辆，第一时间展开救援。在相关部门共同努力下，两个半小时后，大广高速事故路段交通恢复正常。

（3）事故原因分析

1）直接原因

通过调查认定，事故发生时驾驶人刘某某驾驶豫S4××××大型普通客车雨天在高速公路行驶时未降低行驶速度，未与前车保持足以采取紧急制动措施的安全车距，且未按照操作规范安全驾驶，在遇有前方车辆排队缓慢行驶时采取措施不当，是此事故的直接原因。

2）技术方面的间接原因

①事故发生时，因下雨致路面湿滑，驾驶人发现前面车辆缓慢行驶，踩制动踏板后车辆发生侧滑，致车辆失控。

②事故发生时天微黑，小雨，对驾驶人视线有一定的影响。

③事故发生时，大多数乘客未系安全带。

④豫S4××××大型普通客车长12 m、宽2.55 m、高3.945 m，行李舱在下层，乘客在上层，满员后重心上移，遇突发情况采取紧急制动措施时易造成侧翻。

3）管理方面的间接原因

①客运公司安全生产主体责任不落实，安全教育培训落实不到位，未能按照《道路旅客运输企业安全管理规范》的要求对营运车辆运行进行动态管理和安全例检；违规与承租人达成不按排定班次运行的默契行为；对豫S4××××大型普通客车站外运行载客行为未能及时采取措施进行制止。

②汽车站安全管理不规范，没有严格落实安全生产管理规定，汽车调度时没有落实按规定报班制度；汽车站出站检查有疏漏，没有认真履行车辆出站登记等相关手续；汽车站填写虚假车辆动态监控信息

统计表，工作人员未认真履行安全生产监督管理职责。

③信阳某集团有限责任公司安全规章制度不完善，安全管理责任不落实，对客运公司安全管理不严格，日常检查、教育培训制度落实不到位，履行监督管理责任不力。

（4）事故教训与整改措施

1）客运公司要深刻吸取此次事故的教训，牢固树立安全发展理念，强化安全生产红线意识，严格落实企业安全生产主体责任，仔细查找企业在安全生产管理工作中的漏洞与不足，加强车辆进出站安全管理、日常安全例检。

2）客运公司要加强对驾驶人、车主的安全教育培训，不断提高从业人员的安全意识、责任意识、法制意识和技能水平；要加强对所属车辆的管理，从源头上解决承包经营中存在的管理不到位问题；要强化车辆动态监控管理，充分发挥技术手段的积极作用，严格客运车辆线路管理，严控客运驾驶人超速行驶，切实采取有效措施，坚决避免类似事故再次发生。

（5）相关知识与管理借鉴

从鉴定结论来看，事故的发生与车辆没有关系，主要是驾驶人雨天在高速公路驾驶车辆行驶时麻痹大意，遇有前方车辆排队缓慢行驶时采取措施不当，速度过快，发生与前面多辆汽车相撞的人员伤亡事故。

雨天是交通事故的高发天气，因为在雨中，司机视野受限，轮胎与地面的摩擦力减小，再加上阴雨天气给人们带来的低落情绪，很容易造成交通事故。汽车在雨天行驶，要注意以下事项：

1）保持良好的视野。雨天开车上路除谨慎驾驶之外，要及时打开雨刷器、合理使用灯光。灯光不仅可以起到照明的作用，更重要的是提示其他车辆自己的位置。雨天时能见度低，及时开启灯光会有效降低事故的发生率。需要注意的是，大雨天不要开启远光灯，远光灯造成的反射反而会影响司机的视线。

2）防止轮胎侧滑。雨天地面湿润，很容易发生轮胎侧滑，所以在转弯的时候不能紧急制动，最好在直线路段减速，然后再进入弯道。如果遇到紧急情况需要紧急制动时，不要慌乱，要么转动转向盘进行避让，要么直线制动，切勿制动的同时又避让，这样很危险。

3）缓慢行驶。无论道路宽窄、路面状况好坏，雨中开车要减速慢行，随时注意观察前后车辆与自己车的距离，提前做好采取各种应急措施的心理准备。雨天车辆的制动距离长，所以要提前减速，留足处理突发情况的时间和空间，确保安全。

4）减少雾气产生。行车的时候外面突然下起了雨，温度下降，风挡玻璃的温度也随之下降，而车内的水蒸气遇到风挡玻璃就凝结成雾气，阻挡视线。遇到这种情况，需要及时开启空调除雾。

5）学会雨天涉水技巧。在有积水的路上行车需要谨慎，一般是低速直线前进，不能随意停车。如果遇到水位超过车辆排气管的地方，需要绕行。

6）注意跟车。小车跟随大车行驶时不要跟得太近，一是大车会阻挡视线；二是大车能过去的积水小车未必能过去，况且大车容易激起浪花，使小车受影响。

7）注意观察行人。下雨时行人会撑伞，骑车人会穿雨衣，他们的视线、听觉、反应等受到限制，在车辆临近时可能会因惊慌失措而滑倒，使司机措手不及。遇到这种情况时，司机应减速慢行，耐心避让，必要时可选择安全地点停车，切不可急躁地与行人和自行车抢行。

8）及时开启车灯。遇有暴雨能见度低时，应当开启前照灯、示廓灯和后位灯，必要时让车辆驶离路面或停在安全的地方。

16. 雨雪天气客车撞断栏杆坠落水库

2010 年 2 月 28 日 17 时 35 分，河南省新密市某运输公司（本案例简称运输公司）豫 A8××××宇通客车在郑州市二七区境内 S316 线侯寨大桥处发生重大交通事故，造成 19 人死亡（其中司机、售票员当场死亡）、7 人受伤，直接经济损失 960 万元。

（1）事故相关情况

1）事故车辆情况

发生事故的豫 A8××××宇通大型客车，与运输公司属于车主承包经营关系，客车核载人数为 27 人，初次注册日期为 2007 年 1 月 8 日，检验有效期至 2011 年 1 月 31 日。

2）车辆驾驶人情况

吴某某，男，2002 年 7 月 5 日初次申领驾驶证，2004 年 5 月 1 日转为 A2 驾驶证，2007 年 4 月 10 日申请增驾 A1 车型。吴某某 2009 年 4 月取得道路运输从业人员从业资格证，资格证有效期至 2015 年 4 月 2 日。事后对吴某某进行血液酒精含量检测，未检出酒精成分。

3）事故车辆所属单位情况

运输公司属集体所有制企业，许可证照齐全有效。该公司设立有安全管理机构，配备有相应的安全管理人员，建立有相应的安全管理制度。该公司管理客车 353 辆，但其中有 352 辆属于车主承包经营，公司与车主签订有客车经营合同，车主每月向公司缴纳管理费。

4）事故道路和天气情况

事故发生地郑密路侯寨大桥位于郑州市公路管理局管辖的 S316 路段，公路等级为 2 级。事故发生桥面为沥青路面，全宽 17.8 m，两侧有高出桥面 0.2 m、宽度为 1.3 m 的人行道，桥梁护栏高出人行道 1.1 m，无照明设施。桥面北半幅平整，南半幅多处凹凸不平，交通标线模糊不清。桥下为水深 7.4 m 的尖岗水库，水面距桥面垂直高度 26 m。事故当天为雨天，事故发生时为雨夹雪天气，桥面湿滑，能见度较低。

（2）事故经过和救援情况

2010 年 2 月 28 日 17 时 35 分，吴某某驾驶豫 A8××××宇通牌大型客车从郑州客运总站出发，沿郑密公路（S316 线）郑州至新密方向行至侯寨大桥时，客车车体发生顺时针方向的侧滑，其头部左侧先与桥护栏接触后，车体继续转动，发生翻滚，且其左侧车身与护栏接触后继续转动，车辆尾部与桥护栏接触，撞断护栏后坠入水库中。事故造成 19 人死亡、7 人受伤。

事故发生后，当地迅速成立现场救援指挥部，根据现场实际情况，迅速展开人员疏散、交通疏导、水下搜救和善后处理工作。经过 10 h 的查找和定位，落水客车于 3 月 1 日 4 时 10 分被打捞出水。

（3）事故原因分析

1）直接原因

豫 A8××××客车驾驶人吴某某安全行驶意识淡薄，在雨雪天气路面湿滑的情况下，未按照规定降低车辆行驶速度，操作不当，加之所驾驶车辆制动性能不良，造成事故。

2）间接原因

①车主（车辆经营责任人）尚某某没有参加过运输公司的各种安全例会及培训活动，缺乏基本的运输安全意识，对聘用驾驶人安全教育、管理不到位。

②运输公司作为客运经营单位，对从业人员业务培训不到位，安全管理制度（包括驾驶人安全教育制度、车辆日常维护制度、安全检查制度等）没有认真落实，对车辆的安全检查流于形式，没有及时发现客运车辆存在的安全隐患。

（4）事故教训与整改措施

1）运输公司要切实吸取事故教训，加强对驾驶人、乘务人员和安全管理人员的安全教育和培训。特别是对车主承包经营中的实际车主及其驾驶人，要制定有效的针对性措施，严格安全教育和培训，确保各类人员，尤其是驾驶人员树立起牢固的安全意识，自觉遵守道路运输和安全生产法律法规，杜绝超速、超载等违法行为，做到安全驾驶、安全行车。

2）运输公司要落实国家有关客运车辆安全维护、检查制度，保障营运车辆良好的安全技术形态；要加大安全生产方面的投入，强化对车辆行驶状态的监控。

（5）相关知识与管理借鉴

在这起事故中，事故车辆制动系存在严重的安全隐患，制动鼓存在陈旧性裂痕，这些缺陷在车辆日常维护中始终未被发现并予以修复，说明有关企业在车辆日常维护方面有待进一步加强完善。对此，道路运输管理部门也应加强监督检查，认真落实车辆驾驶人、客运企业、客运场站、车辆维修企业等责任，坚决杜绝任何形式的故障车辆上路行驶。

17. 下雪天在高速公路快速行驶冲出右侧护栏发生碰撞事故

2010 年 3 月 14 日 9 时 10 分许，在二广高速公路大同环城高速公路西北环路段 7 km+600 m 处发生一起重大道路交通事故，造成 11 人死亡、19 人受伤，直接经济损失约 530 万元。

（1）事故相关情况

1）事故车辆情况

晋 B3××××客车，于 2007 年 3 月 27 日由车主郝某出资，以某运输公司（本案例简称运输公司）名义购置并注册，车辆品牌为金龙客车，核载人数为47人。该车投入使用后，每年进行一次车辆技术等级审验，2009年12月11日，经大同市某汽车综合性能检测有限责任公司对该车进行检测后，评定车辆技术状况等级为一级，有效期至2010年12月31日。当年春运期间，经车管所临检，该车技术状况正常。

2）车辆驾驶人情况

周某，男，42岁，持有的驾驶证、从业资格证合法有效。2010年1月受车主郝某雇用，驾驶晋B3××××旅游客车。

3）事故车辆所属单位情况

运输公司成立于2001年1月，经营范围为旅游客运、旅游汽车服务等。公司持有道路运输经营许可证，有效期至2012年8月2日。公司有车辆49辆（含晋B3××××客车），全部为挂靠车辆。

4）当天天气状况

据气象资料显示，14日凌晨2时46分至8时，大同地区降水4.6 mm，积雪深度2 cm，8时至14时降水7.6 mm，积雪深度6 cm，气温零下1.1 ℃。

（2）事故经过和救援情况

按照车主郝某的安排，驾驶人周某驾驶晋B3××××客车于事故发生前一天傍晚到达内蒙古乌兰察布市察哈尔右翼后旗。

3月14日早6时40分许，客车先载旅游团29人（不含司机）从察哈尔右翼后旗出发上高速，向大同、太原方向行驶，准备乘坐当天下午3时30分太原到海南的飞机。经乘客反映，从车辆路过集宁开始一直下雪，且越下越大。该车8时27分在山西与内蒙古交界处德胜高速收费站驶入大同境内，司机因急于赶路，在服务区没有停车。

9 时 10 分许，该车行至大同环城高速公路 7 km+600 m 左转弯下坡处，车辆以 83 km/h 的速度超速行驶，致使车辆发生侧滑，冲出右侧护栏后与道边旅游标志柱碰撞，造成 11 人死亡、车辆严重受损的重大道路交通事故。

（3）事故原因分析

1）直接原因

驾驶人周某在高速公路驾驶机件不符合技术标准的机动车，且在雪天未按照规定的车速行驶，是造成事故发生的直接原因。

2）间接原因

①肇事车右后外轮胎花纹严重磨损，车辆轮胎摩擦系数和附着力降低，导致发生侧滑；车主郝某违规使用客运司机，私自揽活儿，对客运车辆安全技术状况不了解。

②运输公司安全生产主体责任不落实，法定代表人不重视安全生产工作，长年把企业承包给个人经营，企业管理混乱，对挂靠车辆管理失控，企业车辆日检（例检）、驾驶人教育、安全例会以及规章制度形同虚设，安全责任不落实。

（4）事故教训与整改措施

1）运输公司要认真贯彻执行有关安全生产的各项法律法规，切实落实安全生产的主体责任，建立健全安全生产规章制度，严把车辆出车检验关，严格车辆的日常检验、维护、检测，对存在安全隐患的车辆不得安排任务。

2）运输公司要严把驾驶人考核、聘用关，建立档案，随时掌握车辆驾驶人的变动情况，并及时到当地有关部门备案。要加强对车辆和驾驶人的管理，严格驾驶人培训、教育，同时要充分发挥车辆动态监控平台的作用，及时制止和纠正驾驶人超速行驶等严重违法行为。

（5）相关知识与管理借鉴

在这起事故中，驾驶人驾驶旅游客车在高速公路上行驶，由于赶飞机，在雪天行车没有降低速度，超速行驶，致使车辆发生侧滑，冲出护栏后与道边旅游标志柱碰撞，导致车毁人亡，教训实在惨痛。

雨雪天气、冰雪天气都不利于道路行驶，因为路滑，容易发生刹不住车发生追尾、侧滑等事故。

在雪天行车需要注意以下事项：

1）做好出行前准备。按事先确定的行驶路线行驶，不要随意变更车道和行驶方向。对车辆转向、制动、轮胎、灯光等安全设施进行检查，存在安全隐患的不能上路。车体覆盖有冰雪时，应将冰雪清理干净，防止汽车开动后，残雪影响驾驶人视线。

2）保持安全车速。在冰雪道路上行驶，车速不要过快，路面积雪较深时，尽量在其他车辆行驶的轨迹或者已经被车辆压实的路面上保持匀速行驶。在雪地爬坡时，必须与前车保持比平时更长的距离。下坡时利用发动机减速的原理配合制动，切勿一直使用制动器。

3）谨慎通过复杂路段。对容易积雪结冰的桥梁、高架、涵洞、急弯、坡道、临河路段等，尽量绕行，必须经过时，要在车道内低速行驶，切勿超车，必要时鸣喇叭示意。在接近路口时要减速慢行，注意观察，确认安全后谨慎通过。

4）避免紧急制动。驾驶手动挡汽车，要慢抬离合器，轻踩加速踏板。驾驶自动挡汽车，挡位应锁定在低速挡，如车辆带有雪地模式，要及时开启。要平稳地减速及轻踩制动踏板，不能在冰雪湿滑的路面上猛起步或者紧急制动，避免轮胎打滑。制动时，应预留更长的制动距离。

5）冷静处理意外。车辆侧滑时，转向盘要顺着侧滑方向轻轻地转，待车辆回正后，再轻踩制动踏板，直至车辆被完全控制。

6）注意避让行人、非机动车。机动车驾驶人发现有行人、非机动车要横过道路或在机动车道行走时，应减速行驶，保持安全距离。

18. 在连续下坡路段多次制动致使车辆失控撞车

2017 年 3 月 14 日 8 时 37 分许，一辆牌号为鲁 VD××××的中型普通客车，沿青州市五文路行驶至邵庄镇文登社区西郭庄村集贸市场附近时，因制动失效，先后多辆车发生碰撞，并冲到赶集的群众中，造成 9 人死亡、14 人受伤，直接经济损失约 490 万元。

（1）事故相关情况

1）事故车辆情况

鲁 VD××××中型普通客车，行驶证登记所有人为青州市某交通服务中心（本案例简称交通服务中心），使用性质为公路客运，出厂日期为 2010 年 1 月 26 日，注册日期为 2010 年 2 月 9 日，检验有效期至 2017 年 8 月 31 日。该车于 2017 年 1 月 6 日在潍坊某机动车辆检测有限公司进行机动车安全技术检验，检验结论为合格。车辆核载人数为 19 人，事发时实载 12 人。

2）车辆驾驶人情况

杨某甲，男，驾驶证准驾车型为 A2，初次领取驾驶证日期为 1999 年 4 月 12 日，驾驶证有效期至 2021 年 4 月 12 日，状态为正常。杨某甲 2016 年 12 月 19 日由交通服务中心进行上岗前培训，取得道路运输从业人员从业资格证，2017 年 2 月 2 日开始跑县内班车。

3）事故车辆所有人情况

鲁 VD××××中型普通客车的实际所有人为杨某乙，车辆实际管理人为傅某某。杨某乙购买车辆后，于 2010 年 5 月 13 日与交通服务中心签订客运经营合同书，每月向交通服务中心缴纳管理费，由交通服务中心办理车辆营运手续、驾驶人上岗证等手续，并代收保险费、车载卫星定位系统服务费等。

4）相关涉事单位情况

交通服务中心，经营范围为县内班车客运、出租客运、货运代办。

5）事故道路和天气情况

事发路段为青州市境内五文路，东西走向，道路行政等级为县乡级道路，沥青路面，由东向西为下坡道路（从坡顶至事故地点为连续下坡路段，长度 2.8 km），视线良好，道路两侧为住房。该路段设计标准为三级公路，村庄道路限速 40 km/h，道路全宽 6 m，道路交通安全设施齐全、完好，道路中央有单黄虚线进行分隔，未划分机动车道、非机动车道。事故地点东侧设有左转弯警示标志及下坡警示标志。事发地点当时天气晴，气温 2.3 ℃，东南风 1～2 级，能见度 6 km。

（2）事故经过和救援情况

2017 年 3 月 14 日 8 时 37 分许，杨某甲驾驶鲁 VD××××中型普通客车，沿五文路由东向西行驶至西郭庄村时，车辆突然失控，先后碰撞沿路由西向东行驶的小型面包车、微型普通客车、轻型普通货车和多名赶集群众，导致 9 人死亡，14 人受伤。

8 时 38 分许，当地公安局接到事故报警，迅速调集警力赶赴现场开展先期处置。当地市委、市政府接到报告后，立即启动道路交通事故处置应急预案，迅速调集有关部门第一时间赶到现场指挥伤员救治、事故善后和调查处理，全面开展事故救援和处置工作。

（3）事故原因分析

1）直接原因

①车辆所有人、管理人未及时对肇事车辆故障进行检修，肇事客

车制动性能不合格，驻车制动失效；车辆在连续下坡路段短时间内多次制动，制动气压过低，致使制动失效，车辆失控。

②赶集村民无序集聚在交通道路上，形成安全隐患，致使事故伤亡扩大。

2）间接原因

①交通服务中心安全部门形同虚设，未按规定配备专职安全管理人员，日常安全管理严重缺失，未能及时消除肇事车辆存在的安全隐患；交通服务中心安全教育培训流于形式，肇事车辆驾驶人安全意识差，在明知车辆存在安全隐患的情况下冒险驾驶车辆上路。

②肇事车辆所有人、管理人和驾驶人安全意识差，存在侥幸心理，不遵守道路交通安全法规，致使车辆带“病”冒险上路，造成事故隐患。

（4）事故教训与整改措施

交通服务中心要全面落实企业安全生产主体责任。交通服务中心要加强车辆安全性能的维护和保养，加强驾驶人员的安全教育培训和紧急事故处置技能培训；车辆安全检验检测单位要认真负责，严格按照国家和行业标准作业，严禁违规出具虚假报告。

（5）相关知识与管理借鉴

这起事故发生 3 天前，客车驾驶人发现肇事车辆存在供油不足的问题，打电话告诉了车辆管理人傅某某，但是没有引起傅某某的足够重视，傅某某没有及时安排对车辆进行检修。事发当天早上，肇事车辆供油不足的问题已经非常严重，杨某甲再次向傅某某汇报，傅某某因家中有事且存在侥幸心理，答复说：“可能是柴油滤芯出了问题，今天没空儿，明天再处理。”傅某某将车辆的情况告知杨某乙，杨某乙也因家中有事没有及时安排对车辆进行检修。就这样，客车带着严重的安全隐患出发上路。

根据事故之后检测，客车制动性能不合格，驻车制动失效；在连续下坡路段驾驶人短时间内多次采取制动措施，使制动气压过低，致使制动失效。事故发生时客车的行驶速度约为58 km/h，该路面设计速度为40 km/h，事故发生时，肇事车辆制动已失效，车速不受控制，故在事故认定中不认定超速是造成事故的原因。

19. 下雨天酒后驾驶大客车超速行经施工路段发生碰撞事故

2015年6月26日14时50分左右，马鞍山市某旅游客运公司（本案例简称旅游客运公司）一辆牌号为皖E0××××的大型客车沿G4211宁芜高速由芜湖往马鞍山方向行驶，行至69 km+270 m施工路段变道时，先撞破中间分隔水马，后撞上左侧防护栏，再与对向驶来的赣CB××××厢式货车相撞。事故造成货车驾驶人及客车内乘员10人当场死亡、2人经抢救无效于当日死亡、1人于7月4日死亡、25人不同程度受伤，直接经济损失约1 100万元。

（1）事故相关情况

1）事故车辆情况

皖E0××××宇通牌大型普通客车，行驶证登记所有人为旅游客运公司，注册日期2011年6月，检验有效期至2015年6月30日，车辆使用性质为旅游客运。车辆核载人数为35人，事发时实际载客36人（其中1人为儿童），车辆载客符合规定要求。经检验鉴定，该车辆转向系和制动系等技术状况正常。

2）车辆驾驶人情况

沙某，男，皖E0××××大客车驾驶人，持有准驾车型为A1、A2的驾驶证，领取驾驶证日期为1998年12月，驾驶证有效期至2020年12月。事发后对沙某血样、尿样进行检测，未发现毒驾嫌疑，血样酒精含量为20.5 mg/100 ml，鉴定为酒驾。沙某在事故中受伤。

3）事故相关单位情况

旅游客运公司成立于2004年，经营范围为市际定线旅游、省际定线旅游、出租车客运、机动车驾驶员培训等。公司有职工77人，其中行政管理人员10人、驾驶员67人，所有人员均实行聘用制。公司有营运车辆64辆，其中从事旅游客运车辆20辆。

4）事故道路和天气情况

事发路段位于G4211宁芜高速公路上行线69 km+270 m处，道路呈南北走向，双向四车道，沥青路面，路面宽23.5 m（行车道宽3.75 m，应急车道宽3.5 m，左侧路缘带宽0.75 m），中间由绿化带隔离，道路平直，设计速度120 km/h，2008年10月经交通运输主管部门组织竣工验收后开放通行。

事发路段正在施工，道路中央分隔带预留开口，下行线车辆在该开口处可以变道进入上行线车道通行。开口宽度6.25 m，半幅双向通行路段长度为192 m，施工路段上行、下行方向均按照警告、上游过渡、缓冲、工作、下游过渡和终止区域设有养护作业施工标志、渠化设施和频闪警示灯等。两侧警告区第一个施工预告标志分别布置在上游67 km+178 m和71 km+178 m处。

事故发生时，事故路段所在芜湖东区域为大雨天气，降水量约26 mm，能见度低，路面潮湿。

（2）事故经过和救援情况

2015年6月26日14时50分许，驾驶人沙某驾驶皖E0××××大型普通客车由黄山市黄山区返回马鞍山市当涂县，雨天行经G4211宁芜高速下行线芜湖段69 km+270 m处，在通过高速公路中央分隔带预留开口向左变换车道时，未按照操作规范安全驾驶，超速（该路段限速40 km/h，实际车速88 km/h）冲破水马隔离设施后，车前部撞击左侧防撞护栏致车身向右倾斜，与此同时，对向蔡某某驾驶的赣 CB××××重型仓栅式货车行至该处，因避让不及，货车前部左侧与客车顶部后侧及车身右侧后部发生碰撞，导致客车向左侧侧翻，造成该起重大道路交通事故。

事故发生后，当地有关部门及时派出工作组赶赴事故现场，指导开展相关工作。当地市委、市政府高度重视，主要负责同志立即赶赴现场组织施救，到医院看望受伤人员。

（3）事故原因分析

1）直接原因

客车驾驶人沙某酒后驾车、严重超速是导致这起事故的直接原因。

2）间接原因

旅游客运公司安全主体责任不落实，日常安全管理严重缺失，对挂靠车辆“挂而不管”，车辆动态监控系统形同虚设，企业管理混乱。

（4）事故教训与整改措施

有关部门要切实加大道路客运安全监管力度，推动客运企业落实安全生产主体责任，要督促客运企业加强对客运车辆驾驶人员的安全教育，尤其是旅游客运企业要将安全驾驶技能和安全意识教育作为客运车辆驾驶人员的必修内容，利用典型案例强化警示教育等多种手段，提高驾驶人员安全素质和应急处置技能。要严格落实车辆动态监督管理规定，切实加强车辆动态监管平台建设，完善和落实车辆动态监管制度，严格落实企业监控主体责任。对于动态监管系统不能正常使用的车辆一律停运整改，对蓄意破坏或故意关闭车辆动态监控装置的驾驶人要严肃查处，情节严重的予以解聘、辞退。

（5）相关知识与管理借鉴

引发该起事故的原因，是客车的超速行驶。下雨天气本来应该慢行，降低车速，尤其是在通过施工路段的时候，道路收窄，为了预防事故，降低车速行驶最为安全。事故路段为施工路段，下行线路限速 40 km/h，但是事故客车的实际行驶速度为 88 km/h，严重超速。正是客车严重超速行驶，加上雨天道路湿滑，施工路段路况变差，导致客车冲破水马隔离设施后，与对向的重型仓栅式货车相撞，导致车毁人亡。

故此，事故调查组认定，这起事故是因客车驾驶人沙某酒后驾车、严重超速、操作不当和相关企业安全生产主体责任不落实，相关政府及有关部门、单位监管不到位而造成的一起重大道路交通责任事故。

二、道路普通货物运输事故

道路货物运输与铁路、水路、航空、管道货物运输相比，具有十分突出的优势。一是具有机动灵活、运输方便的特点，在运输时间上可以随时装车和起运，具有较大的机动性，在运输空间上长途与短途均可，还可以深入广大的城镇和农村。二是在运输形式上，既能满足大宗货物的运输，又能满足零散、小批量的运输。三是在班次安排上，既可随到随走，又能根据货运量的变化随时增加车次。此外，道路货物运输还具有送达迅捷，实现直达运输服务的特点，是综合运输体系中唯一可以实现直达运输的方式，这样可以减少中转环节和装卸次数，节省了装车、卸车的工作量。需要注意的是，在道路货物运输越来越便捷、越来越快速的情况下，运输事故数量也在不断增加，这必须引起驾驶人员、企业管理人员的注意，要认真吸取事故教训，采取积极的防范措施，减少各类事故的发生。

20. 重型货车服务区入口逆向行驶与大客车迎面相撞

2010年5月23日，辽宁省阜新市境内长（春）深（圳）高速公路彰武段发生一起逆行货车与客车相撞的特别重大道路交通事故，造成 33 人死亡、24 人受伤，直接经济损失约 2 403.5 万元。

（1）事故相关情况

1）事故车辆情况

①蒙 F1××××重型货车，属个体货运车辆，于 2010 年 2 月 1 日办理注册，行驶证登记所有人为赵某某（已在事故中死亡），检验有效期至 2011 年 2 月 28 日。经查，该车经许可准予从事道路运输，车主具有从业资格证书。发生事故时，该车核定载质量为 33 t，实载 57.46 t，属于严重超载。

②津 AB××××卧铺客车，核载人数为 35 人，属公路客运车辆。车辆于 2005 年 4 月办理注册，行驶证登记所有人为天津市某长途汽车公司，检验有效期至 2010 年 10 月 31 日，该车有道路运输证。5 月 22 日 17 时左右该车从天津市长途汽车客运中心站出发时实载 46 人，发生事故时实载 54 人（含 1 名 1 岁婴儿），属于超载。该车在碰撞时车速为 104.35 km/h，该路段限速 100 km/h。

2）车辆驾驶人情况

①史某某，重型货车驾驶人（已在事故中死亡），男，40 岁，持准驾车型为 A2 的驾驶证，初次领取驾驶证日期为 1993 年 6 月，驾驶证有效期至 2011 年 6 月 18 日，无道路运输从业人员从业资格证。

②赵某某，卧铺客车驾驶人（已在事故中死亡），男，37 岁，持准驾车型为 A1、A2 的驾驶证，初次领取驾驶证日期为 1995 年 12 月，驾驶证有效期至 2012 年 12 月 20 日。该驾驶人持有道路运输从业人员从业资格证。

经鉴定，史某某、赵某某均没有酒后驾驶迹象。

3）事故道路和天气情况

事故现场位于长深高速公路辽宁省阜新市彰武县境内 306 km+

200 m 处，道路为东西走向，纵向坡度为 1%（下坡），双向四车道，沥青路面，单侧路宽 11. 85 m，其中行车道宽 3. 85 m，应急车道宽 3. 35 m，中心隔离护栏作业区 0. 8 m。事故发生时天气晴朗，夜间无照明，路面干燥。

事故路段于 2010 年 4 月 7 日开始施工。由东向西行驶车辆在此需借用对向车道行驶，施工单位将此处车道进行了物理隔离。有部分沿沈通高速前往彰武、阜新、朝阳方向的车辆在此违法调头、穿越物理隔离设施驶入并道的路段行驶。

（2）事故经过和救援情况

2010 年 5 月 23 日 2 时 50 分，史某某驾驶蒙 F1××××重型货车，由辽宁省鞍山市台安县达牛镇装载钢材前往内蒙古自治区兴安盟。当由西向东行驶至长深高速公路辽宁阜新境内彰武服务区时，在服务区内掉头后由服务区入口逆向驶入长深高速 306 km+200 m 处，与由西向东驶来的赵某某驾驶的津 AB××××卧铺客车正面相撞起火，造成 33 人死亡、24 人受伤，两车烧毁报废。

2 时 58 分，当地公安局接到报警后，立即赶到事故现场展开救援工作。当地政府主要领导接到报告后，立即组织当地群众、公安、消防、交通、医疗卫生等部门迅速开展救援，9 时许，事故现场清理完毕并恢复通车。

（3）事故原因分析

1）直接原因

蒙 F1××××重型货车行驶至长深高速公路辽宁阜新境内彰武服务区时，在服务区内掉头后由服务区入口逆向驶入长深高速，与津 AB××××大客车正面相撞起火，导致事故发生。

重型货车在高速公路上逆向行驶，是造成此次交通事故的主要原因；重型货车严重超载、大客车严重超员并超速行驶，加重了事故后果。

2）间接原因

①辽宁省某道桥工程有限责任公司对一标段项目一工区的安全生产工作督促检查不力，违反封道方案要求，未在施工封闭道路两端开口处安排安全员全天值班；发现在长深高速公路彰武立交桥长春方向施工并道行驶路段存在车辆违法掉头的重大安全隐患后，没有采取有效制止的措施。

②沈阳某工程监理有限责任公司对彰武至通辽高速公路工程项目的现场监理不到位，没有发现施工单位未按照封道方案要求，在施工封闭道路两端开口处安排安全员全天值班的问题；未督促施工单位采取有效措施消除施工封闭区内重大安全隐患。

（4）事故教训与整改措施

1）相关运输企业、客运站场要落实安全生产主体责任。相关部门要督促指导运输企业、客运站场认真贯彻“安全第一、预防为主、综合治理”的安全生产工作方针，落实好安全生产责任制，建立健全安全管理机构，切实承担起安全生产的主体责任；要督促运输企业加强对客运车辆驾驶人员的安全教育，并利用车载定位装置等技术手段，加强对驾驶人、车辆的动态监督管理；要督促客运企业严格落实安全生产规章制度，严把进站关、出站关，确保出站车辆技术状况完好，不超员、不超载。

2）道路交通管理部门要进一步落实道路交通监督管理责任，要采取有效措施，层层落实道路交通安全责任制，加强道路交通安全管理工作。各地政府及其有关部门要创新安全工作手段和方法，加强对道路运输企业安全生产的指导，充分借鉴相关省份取得的成功经验，积极推进安全统筹、行业互助，提高道路运输行业的抗风险能力和事故的善后赔付能力。

3）高速公路管理部门要加强高速公路养护施工现场安全管理，要加强对施工路段的安全管理，落实公路养护安全作业规程和施工合同规定，规范施工作业，配备有资质的安全员，完善安全防护措施，健全安全监管机制。高速公路管理部门和公安交管部门要协调配合，做好现场布控和交通疏导，加强巡查，及时通报情况，防止通行车辆因在施工现场随意穿越隔离设施、违法掉头、停车等造成事故。

4）有关部门要严厉打击道路交通违法行为，进一步深化和拓展预防道路交通事故的工作措施，着力加强道路交通秩序管理，严厉打击超速、超员、疲劳驾驶、逆行、酒后驾驶、无证驾驶、不按规定让行、货运机动车违法载人等严重交通违法行为，要加强跨区域长途、超长途客运班线的监督管理，严格落实对7座以上客车的检查登记制度，对客车驾驶人超载、超速、无证驾驶等违法行为，要发现一起处理一起。

（5）相关知识与管理借鉴

这起事故的发生由3个因素所致：一是蒙F1××××重型货车行驶至长深高速公路彰武服务区时，在服务区内掉头后由入口逆向驶入高速公路；二是津AB××××卧铺客车严重超员并超速行驶，遇见逆向行驶的重型货车采取措施不及，迎头相撞；三是辽宁省某道桥工程有限责任公司在施工中违反封道方案要求，未在施工封闭道路两端开口处安排安全员全天值班，发现车辆在施工路段违法掉头的重大安全隐患后，没有采取有效的制止措施。在这3个因素中，最为主要的是重型货车的逆向行驶，但是，施工因素也不可忽视。

21. 中型半挂牵引车行驶中发现险情采取措施不当与多辆车碰撞

2014年10月19日20时许，深圳市南山区北环大道广深高速桥底路段，发生一起中型半挂牵引车与多车碰撞的较大道路交通事故，造成3人死亡、1人受伤、8车不同程度受损，直接经济损失48.5万元。

（1）事故基本情况

1）事故车辆情况

粤BF××××中型半挂牵引车，品牌型号为解放CA4117K2R5E，行驶证登记所有人为深圳市某物流有限公司（本案例简称物流公司），使用性质为货运，注册日期为2009年12月18日，检验有效期至2014年12月。该车办理了道路运输证，发证日期为2011年8月15日。该车已于2014年6月4日完成了综合性能检测和二级维护工作，该车的综合性能检测及二级维护均在有效期内。该车于2014年7月8日完成年度道路货运车辆审验，车辆年度审验在有效期内。

2）车辆驾驶人情况

赵某，粤BF××××中型半挂牵引车驾驶人，男，43岁，驾驶证准驾车型为A2，从业资格类别为货运驾驶员，物流公司没有与赵某签订劳动合同，但为赵某缴纳了医疗保险和工伤保险。

3）事故车辆所属单位情况

物流公司为粤BF××××中型半挂牵引车的所有人，该公司成立于2009年9月16日，取得了道路运输经营许可证，经营范围为货物专用运输（集装箱），许可证有效期至2017年9月3日。

4）事故路段情况

事故现场位于深圳市南山区北环大道广深高速桥底路段，道路为机动车道，路面完好、干燥，东西走向，单向辅道两车道，宽度为7 m；主道四车道，宽度为15 m。道路夜间有路灯照明，交通控制方式为交通标志、标线，辅道道路类型为一般城市道路，主道道路类型为城市快速路。

（2）事故经过和救援情况

2014 年 10 月 19 日 20 时许，赵某驾驶粤 BF××××中型半挂牵引车，在北环大道自东向西方向辅道行驶，当行驶至广深高速桥底路段时，车辆速度为 54.9～57.8 km/h（事发路段限速 40 km/h）。驾驶人关闭车辆空调时注意力不集中，在该车距离前方车辆 5～6 m 时才发现前方车道有车，此时，赵某采取按喇叭、踩制动器踏板、拉手刹及打方向等措施无效，车辆分别与前方辅道内 5 辆车辆发生碰撞后，失控驶入主道并越过道路中间的绿化隔离带，与对向主道内行驶的 3 辆车发生碰撞。事故造成 1 名司机、2 名乘客当场死亡，1 名乘客重伤，8 辆车不同程度受损，绿化隔离带受损。

事故发生后，当地交警大队指挥中心接到警情，立即派值班大队、中队及辖区民警、事故处理民警赶赴现场处置，并联系急救、消防、城管等部门到场处置。20 日 0 时 30 分，在相关单位的努力下，现场被清理完毕，道路交通恢复正常。

（3）事故原因分析

1）直接原因

粤 BF××××中型半挂牵引车驾驶人赵某驾驶制动系存在安全隐患的机动车上路行驶，超过限速标志标明的最高速度，未注意前方道路状况，发现险情时采取措施不当，是导致此事故的直接原因。无证据证明其他车辆驾驶人员有导致此事故的过错。

2）间接原因

物流公司作为粤 BF××××中型半挂牵引车车属单位，公司安全生产管理机构人员缺失，未按要求组织开展安全培训教育活动，安全培训教育工作不到位，安全生产责任制落实不到位。

（4）事故教训与整改措施

1）落实安全生产主体责任。相关企业要建立健全安全生产责任制，进一步加强对从业人员的安全生产教育和培训工作，从严要求、从严考核、从严管理，保证从业人员具备必要的安全生产知识，熟悉有关的安全生产规章制度和安全操作规程，重点做好驾驶人安全驾驶操作技能培训，提升驾驶人应对突发事件的应急处置能力。存在合作经营情况的道路货运企业必须将合作经营车辆、驾驶人纳入公司安全管理，除了做好车辆二级维护、综合性能检测以及驾驶人教育培训，要按照安全生产法律、法规、规章要求，做好车辆安全隐患排查治理和从业人员安全教育培训等工作。

2）加强交通安全宣传教育工作。各相关部门要坚持宣传先行的方针，不断拓展宣传的广度和深度，充分发挥主管部门、车辆使用单位、运输行业协会以及社区、学校等社会单位的作用，广泛开展道路交通安全宣传活动，不断提高全民交通守法意识和安全出行意识。

（5）相关知识与管理借鉴

在这起事故中，中型半挂牵引车驾驶人的行为违反了《道路交通安全法》的相关规定。

《道路交通安全法》第二十一条规定，驾驶人驾驶机动车上道路行驶前，应当对机动车的安全技术性能进行认真检查；不得驾驶安全设施不全或者机件不符合技术标准等具有安全隐患的机动车。

《道路交通安全法》第二十二条第一款规定，机动车驾驶人应当遵守道路交通安全法律、法规的规定，按照操作规范安全驾驶、文明驾驶。

《道路交通安全法》第四十二条第一款规定，机动车上道路行驶，不得超过限速标志标明的最高时速。在没有限速标志的路段，应当保持安全车速。

中型半挂牵引车驾驶人赵某，在驾驶存在安全隐患的机动车上路行驶时，超过限速标志标明的最高时速，未能谨慎驾驶，发现险情时采取措施不当，导致事故发生，对事故负有主要责任。

22. 超载重型货车与技术条件不合格货车追尾碰撞

2015 年 4 月 30 日 2 时 23 分，在广州市增城区的济广高速公路东行 1 930 km+200 m 处，发生一起一辆重型仓栅式货车追尾碰撞一辆重型半挂牵引车（牵引了一辆重型厢式半挂车）的较大道路交通事故。事故造成 3 人死亡、两车及车上货物损坏，直接经济损失约 325 万元。

（1）事故相关情况

1）事故车辆情况

①赣 AB××××重型仓栅式货车，行驶证登记所有人为南昌市某汽车服务有限公司（本案例简称汽车服务公司），实际控制人为蒋某，品牌型号为福田 BJ5313VPCHJ-1，核载人数为 3 人，核定载质量为 20 070 kg，检验有效期至 2016 年 3 月 31 日，有道路运输证。事发时车辆证照全部有效。

②赣 DF××××重型半挂牵引车，行驶证登记所有人为泰和县某物流有限公司（本案例简称物流公司），品牌型号为解放 CA4250P66K24T1A，检验有效期至 2015 年 11 月 30 日，有道路运输证。事发时车辆证照全部有效。

2）车辆驾驶人情况

①蒋某（已在事故中死亡），男，31 岁，赣 AB××××重型仓栅式货车的实际控制人和驾驶人，持有准驾车型为 A2 的驾驶证，驾驶证有效期至 2025 年 3 月 25 日。蒋某持有道路运输从业人员从业资格证，事发后血液中未检测出酒精成分。

②谢某某，男，38 岁，赣 DF××××重型半挂牵引车驾驶人，持有

准驾车型为A2、D的驾驶证，驾驶证有效期至2021年8月31日。谢某某持有道路运输从业人员从业资格证；事发时谢某某所持证照全部有效，事发后谢某某血液中未检测出酒精成分。

3）相关单位情况

①汽车服务公司为赣AB××××重型仓栅式货车的登记车主。公司成立于2004年12月21日，经营范围为道路普通货物运输、货物专用运输等，事发时公司经营证照全部有效。

②物流公司为赣DF××××重型半挂牵引车的登记车主，成立于2011年8月5日，经营范围为道路普通货物运输，事发时公司经营证照全部有效。

4）事故道路情况

事故道路是东西走向的全封闭高速公路，东往惠州市，西往广州市区。道路设有中央绿化分隔带，东行方向设有三条行车道、一条应急车道，在事发地点以西400 m处有一个车行速度指示标志牌，标注“小客车60~120 km/h、大型车60~100 km/h、大型车靠右”限速信息，行车道间设置虚线分道标线，行车道与应急车道间设置实线分道标线，沥青路面完好、干燥，道路直行、轻微上坡，夜间无路灯照明、视线一般。

（2）事故经过和救援情况

2015年4月29日23时许，谢某某驾驶赣DF××××重型半挂牵引车，车上装载了约37 t的酒糟并搭载了一名乘客，从广东省东莞市起程，计划到江西省赣州市。车辆从东莞市麻涌入口进入沿江高速、北二环高速转济广高速往赣州方向行驶。

4月30日0时40分许，谢某某驾驶车辆至济广高速沙埔服务区，停车休息至2时许继续前行。2时23分，车辆行驶至事发地点，当时车速为23.9 km/h。

此时，蒋某驾驶赣 AB××××重型仓栅式货车，车上装载了约 23 t 货物，搭载了蒋某的妻子和儿子，与谢某某驾驶的车辆同向、同车道行驶并发生追尾事故，当时车速为 69.1 km/h。事故造成蒋某、蒋某妻子和蒋某儿子 3 人当场死亡，两车及车上货物损坏。

事故发生后，当地公安局交警支队及安全监管、交通、卫生等部门迅速派人赶到事故现场，认真、有序地组织开展了事故应急救援和善后等工作。6 月 3 日，公安局交警支队高速二大队出具了道路交通事故认定书，认定蒋某承担事故主要责任，谢某某承担次要责任。

（3）事故原因分析

1）直接原因

①蒋某违章驾驶超载货车，未与前车保持必要的安全距离，没有按照操作规程安全驾驶、文明驾驶，没有与同车道行驶的前车保持足以采取紧急制动措施的安全距离，造成与前车追尾碰撞。

②谢某某违章驾驶货车夜间在高速公路低速行驶。在夜间无灯光照明的情况下，车辆没有按照“大型车 60～100 km/h”的速度要求行驶，车速仅为 23.9 km/h，造成了严重的安全隐患。

2）间接原因

①汽车服务公司对挂靠货车的安全管理不到位。该公司虽然制定了安全生产管理制度，配备了安全管理人员，但安全管理人员安全意识淡薄，存在侥幸心理，对长期在外地营运的挂靠货车疏于管理，没有做好挂靠货车车主及驾驶人的安全教育和培训工作，没有确保营运货车按章行驶。

②物流公司对自有货车的安全管理不到位。该公司虽然制定了安全生产管理制度，配备了安全管理人员，但安全管理人员安全意识淡薄，日常车辆回场检验、驾驶人月度培训等工作流于形式，对在外地的营运货车及驾驶人疏于管理。

（4）事故教训与整改措施

这起事故暴露出道路货物运输企业对所属货车特别是挂靠货车疏于管理，货车驾驶人未严格按照道路交通安全法律、法规的规定驾驶，货车低速行驶、超载等问题。

相关企业要深刻吸取事故的教训，认真组织开展安全警示教育活动，严格落实对所属货车（特别是挂靠货车）及驾驶人的安全管理责任，切实保障车辆安全技术条件，督促驾驶人守法安全驾驶。

（5）相关知识与管理借鉴

这起事故发生在夜间 2 时 23 分，正是驾驶人比较疲劳、困乏的时候。发生事故时，重型半挂牵引车在前面以 23.9 km/h 速度行驶，重型仓栅式货车在后面以 69.1 km/h 速度行驶，两辆车同向同车道，要避免事故的发生，关键还在于后车需要正确驾驶操作。

23. 驾驶制动性能不合格重型厢式货车碰撞普通货车

2015 年 5 月 23 日 19 时 4 分，在广州市从化区 105 国道 2 450 km+500 m 处，发生了一起 3 辆货车碰撞的较大道路交通事故，事故造成 7 人死亡，3 辆货车不同程度损坏，直接经济损失约 946 万元。

（1）事故相关情况

1）事故车辆情况

①赣 F6××××重型厢式货车，行驶证登记所有人为南城某汽车运输服务有限公司（本案例简称汽车运输公司），检验有效期至 2016 年 4 月 30 日。

②粤 A6××××轻型普通货车，行驶证登记所有人为蒋某，检验有效期至 2015 年 5 月 31 日。事发时该车所有证照有效。

③湘 L7××××重型自卸货车，行驶证登记所有人为李某某，实际

控制人为段某某，检验有效期至 2016 年 1 月 31 日。事发时该车行驶证有效。

2）车辆驾驶人情况

①陈某某，男，40 岁，赣 F6××××重型厢式货车驾驶人，驾驶证准驾车型为 B2、E，驾驶证有效期至 2020 年 12 月 27 日。

②柏某，男，33 岁，粤 A6××××轻型普通货车驾驶人，驾驶证准驾车型为 B2，驾驶证有效期至 2017 年 3 月 14 日，柏某在事故中死亡。

③段某某，男，27 岁，湘 L7××××重型自卸货车的实际控制人、驾驶人，驾驶证准驾车型为 B2，驾驶证有效期至 2015 年 10 月 27 日。

3）相关单位情况

①汽车运输公司为赣 F6××××重型厢式货车的登记车主。公司成立于 2010 年 8 月 19 日，经营范围为道路普通货物运输，大型物件运输（一类）。事发时，公司经营证照全部有效。

②某输变电工程有限公司（本案例简称输变电工程公司）为蒋某施工队的用人单位，成立于 1992 年 11 月 19 日，经营范围为建筑安装业。事发时，公司经营证照全部有效。

4）事故道路情况

事故道路呈南北走向，向北通往从化区吕田镇，向南通往从化区良口镇。事故路段为南高北低斜坡路段，由中心水泥护栏分隔成双向四车道。其中北往南方向两条机动车道因道路施工临时封闭，南往北方向两条机动车道临时变更为单边双向行驶，车道宽 340 cm，东侧路肩宽 85 cm，道路设有施工标志、双向通行标志、连续下坡标志、禁止超车标志、20 km/h 限速标志。道路夜间无照明，水泥路面完好，事发时路面潮湿。

（2）事故经过和救援情况

2015 年 5 月 23 日 19 时许，陈某某驾驶赣 F6××××重型厢式货车沿 105 国道由南往北方向行驶至从化区吕田镇古田村路段时，该路段坡道陡、弯道大，因车辆制动性能不合格，车头碰撞同方向、同车道由柏某驾驶的粤 A6××××轻型普通货车（车上乘载 6 人）的右侧尾部，导致轻型普通货车向左横向侧翻在对向车道，遇段某某驾驶的湘 L7××××重型自卸货车由北往南方向驶来并发生碰撞。事故造成车上 6 人当场死亡，驾驶人柏某受伤经医院抢救无效死亡，3 辆车不同程度损坏。

事故发生后，当地有关部门全力以赴做好事故抢险救援、善后处置、调查处理等工作。

（3）事故原因分析

1）直接原因

陈某某驾驶制动性能不合格车辆行经坡道陡、弯道大的路段，采取措施不当是造成事故的直接原因。

2）间接原因

①汽车运输公司对挂靠货车的安全管理不到位。该公司虽然制定了安全生产规章制度，配备了安全管理人员，但安全管理人员安全意识淡薄，存在侥幸心理，对长期在外地营运的挂靠货车疏于管理，没有做好挂靠货车的车主及驾驶人的安全教育和培训工作，没有确保驾驶人守法驾驶。

②输变电工程公司安全管理不到位。该公司虽然制定了安全生产规章制度，建立了安全生产责任制，也定期对雇请的蒋某施工队开展了安全生产和交通安全等方面的培训教育，但在安排蒋某施工队外出工作期间，对驾乘人员应当严格遵守道路交通安全法规问题教育和督促不到位。

③段某某个体户非法经营货物运输业务且安全意识淡薄。段某某货运个体户未经道路运输管理部门许可非法从事货运业务，没有严格遵守道路交通安全法律法规，超载运输货物。

(4) 事故教训与整改措施

1）强化道路货运企业监管，落实企业主体责任。事故暴露出一些道路货运企业对所属货车，特别是挂靠货车疏于管理，导致一些货车驾驶人安全意识淡薄，出现超载、超员、超速现象，一些货车的安全技术条件不达标。相关部门要举一反三，采取有力措施，强化道路货运企业的安全监管，督促企业切实落实安全生产主体责任。对于安全责任不落实的企业，依法予以严肃查处。

2）完善交通疏导安全措施，确保道路交通安全。相关部门要加强对道路施工工程安全隐患的排查治理，特别是要完善道路施工路段安全设施，提高交通疏导方案的科学性、严谨性，确保交通疏导工作更加积极、稳妥。

3）开展安全警示教育活动，加强法制宣传力度。道路货物运输企业应深刻吸取事故教训，认真组织开展安全警示教育活动，严格落实对货车（特别是挂靠货车）及驾驶人的安全管理责任，切实保证车辆安全技术条件符合要求，督促驾驶人安全驾驶。有关部门要运用有效的宣传工具和手段，进一步加强道路交通安全宣传教育，提升广大人民群众及各类营运车辆驾驶人的道路交通安全意识。

(5) 相关知识与管理借鉴

货车驾驶人要深刻吸取这起事故教训，在道路运输时，要检查所驾驶的车辆是否存在故障，如果存在，就要及时维修，排除故障后再上路行驶，不能让车辆带“病”上路，这样最为危险。在运输时车辆不要超载，在行驶中车辆不要超速，驾驶人要遵章守纪、文明驾驶、安全驾驶，以避免事故的发生。

24. 重型自卸货车路口右转弯碰撞直行电动自行车

2018 年 5 月 22 日 13 时 10 分左右，杭州某货运有限公司（本案例简称货运公司）驾驶人李某某驾驶浙 A7××××重型自卸货车，途经西湖区石祥西路与古墩路十字路口处由东向北转弯时，与电动自行车驾驶人张某某相撞，发生 1 人死亡的交通事故，事故造成直接经济损失约 80 万元。

（1）事故相关情况

1）事故车辆情况

浙 A7××××重型自卸货车，品牌型号为陕汽 SX3310MB406，核载人数为 2 人，核定载质量为 15.37 t。2017 年 8 月 21 日该车经检验合格，检验有效期至 2018 年 9 月 30 日。实际车主张某某于 2016 年 9 月购买车辆并挂靠货运公司，挂靠期限为 2016 年 9 月 30 日至 2021 年 9 月 30 日。

2）车辆驾驶人情况

李某某，浙 A7××××重型自卸货车驾驶人，持有 B2 驾驶证，驾驶证有效期至 2023 年 2 月 4 日。

3）事故车辆所属单位情况

货运公司成立于 2013 年 1 月 14 日，经营范围为普通货运。该公司具有道路运输经营许可证，有员工 8 人，有车辆 76 辆，其中挂靠车 71 辆。

（2）事故经过和救援情况

2018 年 5 月 22 日 9 时许，货运公司合伙人许某某安排 3 辆挖土机和包括浙 A7××××等 25 辆重型自卸货车以及施工现场管理员周某某，前往一处商品住宅工程进行土方挖运作业。

12 时左右，浙 A7××××车辆装载土方后，由李某某驾驶前往码头卸土，当车辆行驶到西湖区石祥西路与古墩路十字路口处由东向北转弯处时，车头左侧与直行的电动自行车相撞，左前轮压伤电动自行车驾驶人张某某。李某某发现后，立即停车施救并拨打“120”和“110”电话，将张某某送至医院抢救，张某某经抢救无效于当日死亡。

（3）事故原因分析

1）直接原因

重型自卸货车驾驶人李某某违规冒险通行，驾车在十字路口由东向北转弯时，未遵守直行优先的通行规则，未仔细观察周边车辆的行驶情况，导致直行的电动自行车被撞事故发生。

2）间接原因

①货运公司安全管理责任不落实，违规超载运输。该公司作业人员在装土时，为了让重型自卸货车多装土方，获取最大经济效益，不按车辆核定载质量装土，事发时该车实际装载土方达 43. 78 t，超载 28. 41 t，严重违反道路交通安全管理规定。

②货运公司对事故隐患排查整治不彻底，车辆安全性能不符合要求。该公司未有效督促车辆驾驶人定期检查、维护车辆，消除车辆制动性能不符合国家标准要求等事故隐患；肇事车辆货厢高度与注册登记信息不相符，公司违规将货厢底部改深，以扩大装载容量。

③货运公司三级安全教育培训不到位，职工安全意识淡薄。该公司未按法律法规规定组织开展汽车驾驶人三级安全教育培训，导致从业人员安全意识淡薄。该公司在 2017 年 5 月 23 日至 2018 年 5 月 22 日期间，工程车共发生交通违法行为 874 辆次，其中，工程车交通违法 10 次以上的计 50 辆。肇事司机李某某自 2017 年 4 月 30 日至 2018 年 5 月 22 日期间发生交通违法行为 20 余次。

（4）事故教训与整改措施

1）认真吸取事故教训，切实落实企业主体责任。货运公司要牢固树立“管生产经营必须管安全”的安全理念，对所有挂靠车辆的安全生产工作负责，层层级级签订安全生产责任书，严格落实安全生产责任，坚决克服挂而不管的错误观念，同时要加强对挂靠车辆驾驶人的管理，加大安全生产投入，落实车辆安全技改措施，杜绝类似事故再次发生。

2）加强施工现场管理，严防超载超速等违法行为。货运公司相关管理人员要加强施工现场组织指挥，规范施工作业秩序，督促工程车驾驶人严格落实各项交通安全规定，按照车辆核定载质量装运土方，严禁超载。在车队行驶过程中，要指派专人跟班带队，督促驾驶人员按规定的路线、车速行驶，确保行车安全。

3）加强安全生产检查，严格落实各项管理规定。货运公司要建立健全车辆安全管理制度，严格按照公司化、标准化、专业化的要求实施管理，每日定人定岗巡查，重点检查车辆是否存在号牌安装不规范、擅自改装扩容、车身反光贴粘贴不到位、技改不符合要求等情况，及时消除轮胎、制动部件磨损严重等事故隐患，切实把事故消灭在萌芽状态。

4）严格安全教育培训，切实提高从业人员的安全意识。货运公司要严格按照安全生产法律、法规要求，及时组织开展对工程车驾驶人及从业人员的教育培训，人员须经考核合格后方可上岗。教育培训要具体、务实，具有针对性，不能停留在嘴上和纸上，要入脑入心，要落实和体现在具体行动上，注重实际效果，切实提高全体人员的安全意识。

（5）相关知识与管理借鉴

这起事故发生的原因，一是因为车辆超载，二是因为车辆由东向北转弯时操作不当。

重型汽车转弯时，因车身较长，驾驶室较高，后视镜存在较大视野盲区，驾驶人在驾驶室看不到车辆车尾之前的部分。驾驶人在右转弯前对马路右侧同向行驶的电动自行车提前观察不够、判断有误，致使车辆右转弯时右侧车轮碾轧恰好行驶至此的骑车人，从而发生交通事故，酿成骑车人死亡的悲剧。

引发此类交通事故，人们在两个方面存在认识上的误区：

其一，在重型货车自身存在视野盲区的情况下，驾驶人未提前观察和预判道路状况，疏忽大意或轻信可以避免在转弯时与自行车行进路线相交。

其二，骑车人对重型货车或其他大型车辆自身存在视野盲区无从知晓，以为驾驶人在转弯时能够看到自己，会采取措施避免与自己发生碰撞。

对此，在目前重型货车自身通过技术手段尚无法根本解决视野盲区的情况下，消除上述两个认识上的误区，是减少或避免重型货车在转弯时碰撞骑车人的有效办法。

25. 半挂牵引车严重超载发生侧翻砸压轿车

2014 年 5 月 11 日 13 时左右，在 S322 省道（徐丰路）与 X202 鹿梁线交叉路口处，发生一起苏 CA××××重型半挂牵引车与挂车侧翻砸压等待交通信号灯的苏 CF××××小轿车较大道路交通事故。事故造成 1 人当场死亡、2 人送医院后经抢救无效死亡，直接经济损失约 180 万元。

（1）事故相关情况

1）重型半挂牵引车驾驶人和车辆情况

①刘某甲，男，苏 CA××××重型半挂牵引车驾驶人，驾驶证准驾车型为 A2，驾驶证有效期至 2015 年 9 月 6 日。

②孙某某，男，苏 CA××××重型半挂牵引车车主。半挂牵引车初次注册日期为 2011 年 3 月 10 日，检验有效期至 2015 年 3 月 31 日；挂车初次注册日期为 2010 年 4 月 20 日，检验有效期至 2015 年 4 月 30 日，核定载质量为 32 000 kg。

2）重型仓栅式货车驾驶人及车辆情况

①刘某乙，男，苏 CY××××重型仓栅式货车驾驶人，驾驶证准驾车型为 A2，驾驶证有效期至 2009 年 3 月 19 日。

②苏 CY××××解放牌重型仓栅式货车，初次注册日期为 2009 年 12 月 31 日，检验有效期至 2014 年 12 月 27 日，核定载质量为 17 115 kg。

3）小轿车驾驶人及车辆情况

①陈某某，男，苏 CF××××小轿车驾驶人，驾驶证准驾车型为 B2，驾驶证有效期至 2017 年 4 月 29 日。

②苏 CF××××雪佛兰 SGM140MTB 小轿车，初次注册日期为 2011 年 9 月 21 日，检验有效期至 2015 年 9 月 30 日，核载人数为 5 人。

4）事故道路情况

事故现场位于 S322 省道（徐丰路）与 X202 鹿梁线交叉路口处，S322 省道（徐丰路）呈东西走向，X202 鹿梁线呈南北走向，道路均为沥青路面，路面平直，视线良好，该路口由交通信号灯控制。

S322 省道（徐丰路）路面宽度 22. 90 m，双向四车道，画有快、慢速车道分隔白虚线，机动车道与非机动车道分隔白实线。快速机动车道宽 4. 30 m，慢速机动车道宽 3. 90 m，非机动车道宽 2. 80 m，设有道路中心隔离护栏。X202 鹿梁线宽度 9. 00 m，画有道路中心虚黄线。路口画有停车线，东路口停车线距 X202 鹿梁线道路东侧边缘 14. 80 m，东路口画有左转弯导向车道（在快速车道）、直行及右转弯导向车道（在慢速车道）。

（2）事故经过和救援情况

2014 年 5 月 11 日 13 时许，刘某甲驾驶苏 CA××××重型半挂牵引车（实载 65 130 kg），沿 S322 省道由东向西行驶，行至与 X202 鹿梁线交叉路口处，碰撞停车等待交通信号灯的刘某乙驾驶的苏 CY××××重型仓栅式货车后，重型自卸挂车侧翻砸压在苏 CF××××小轿车上，致使小轿车里 3 人死亡。

事发后，当地公安局立即组织交警大队、消防大队、辖区派出所等相关警力 60 余人快速赶赴现场救援，组织 3 辆救护车赶往现场抢救受伤人员，将伤者送往医院进行救治，并对事故现场进行了勘查。

（3）事故原因分析

1）直接原因

刘某甲驾驶不符合国家标准的车辆运输黄沙，严重超载。车辆沿 S322 省道由东向西行驶至与 X202 鹿梁线交叉路口处，由于车辆严重超载影响车辆的制动性，致使该车辆尾部撞碰重型仓栅式货车发生侧翻，砸压在小轿车上，是造成这起事故的直接原因。

2）间接原因

重型半挂牵引车车主私自更换重型自卸挂车的车厢，并伪造原挂车车厢的车架号，伪造行车证。

（4）相关知识与管理借鉴

事故调查组认定，这是一起由于车主和车辆驾驶人严重违反道路运输、交通安全法律法规，使用不符合国家标准的车辆进行超载道路运输，交通运输管理部门对该车辆未严格审查就发放了道路运输证，交通管理部门对该车辆监督管理不力引发的较大道路交通安全责任事故。

车辆超载是严重的道路交通违法行为，重型货运车辆严重超载，不仅会破坏公路路面及其桥梁设施，还极易引发道路交通事故，危及人民群众的生命财产安全，已成为道路交通安全管理的一大难点问题。据统计，70%的道路交通事故是由于车辆超载引发的，50%的群死群伤事故、重特大道路交通事故与超载有直接关系。

运输车辆长期超载，造成的危害主要有：

1）车辆超载会严重破坏公路基础设施。由于超载车辆的载荷远远超过了公路和桥梁的设计载荷，致使路面损坏、桥梁断裂，道路、桥梁使用年限大大缩短。

2）车辆超载时，由于载质量增大而惯性加大，制动距离加长，危险性增大。如果严重超载，会因轮胎负荷过重、变形过大而引发爆胎、突然偏驶、制动失灵、翻车等事故。另外，超载还会影响车辆的转向性能，易因转向失控而导致事故。

3）驾驶人驾驶超载的车辆，往往会增加心理负担和思想压力，容易出现操作错误，影响行车安全，造成交通事故。

4）由于超载后的车辆无法达到正常行驶速度，长时间占用车道，直接影响着道路的畅通。

因此，驾驶车辆运载货物或乘客时，应严格遵守法律法规中的装载规定，不得超载。

26. 半挂牵引车夜间行驶碰撞应急车道故障轿车

2016 年 8 月 12 日 0 时 45 分，G2001 高速公路 83 km+480 m 齐河段一辆由东向西行驶的重型半挂牵引车与停靠在应急车道内的一辆小轿车相撞，造成 5 人死亡、2 人受伤，直接经济损失 390 万元。

（1）事故相关情况

1）事故车辆情况

①鲁 PA××××重型半挂牵引车，行驶证登记所有人为聊城市某运

输有限公司（本案例简称运输公司），初次注册日期为 2013 年 5 月 14 日，检验有效期至 2017 年 5 月，核载人数为 2 人（事发时实载 1 人）。车辆核定载质量为 40 000 kg，事发时未超载。该车使用性质为货运，有道路运输证。

②豫 H4××××小轿车，行驶证登记所有人为杨某，初次注册日期为 2003 年 8 月 13 日，检验有效期至 2017 年 8 月 31 日，核载人数为 5 人（事发时实载 7 人）。

2）车辆驾驶人情况

①谢某某，男，34 岁，鲁 PA××××重型半挂牵引车驾驶人，驾驶证准驾车型为 A2，初次领取驾驶证日期为 2002 年 9 月 27 日，驾驶证状态正常。驾驶人持道路运输从业人员从业资格证，从业资格证有效期至 2019 年 11 月 15 日。

②杨某，男，24 岁，豫 H4××××小轿车驾驶人，驾驶证准驾车型为 C1，初次领取驾驶证日期为 2014 年 3 月 5 日，驾驶证状态正常。

3）事故车辆所属单位情况

运输公司与事故车辆驾驶人谢某某为聘用关系。该公司于 2010 年 4 月 21 日成立，企业营业执照、道路运输经营许可证及车辆的营运证件齐全。该公司拥有约 150 辆大型运输车，经营范围为煤炭及铝产品运输。

4）事故道路和天气情况

事故现场位于 G2001 高速公路 83 km+480 m 处。公路东西走向，属国家级高速公路，由东向西 86 km 处设有 100 km/h 的限速标志；公路中央设有隔离绿化带，公路两侧设有隔离护栏。公路为双向六车道，由北至南依次为应急车道、行车道、超车道、超车道、行车道、应急车道。事故发生时天气晴。事发地段道路为沥青路面，路面干燥，视线良好。

（2）事故经过和救援情况

2016 年 8 月 11 日 21 时许，杨某驾驶豫 H4××××小轿车由山东省蓬莱市到河南省武陟县。从蓬莱上高速后，小轿车经 G20 青银高速转到 G2001 高速。8 月 12 日凌晨，小轿车出现发动机高温故障，杨某将车停靠在应急车道内，接着去车后方放置警示标志，车内其余人员在车前方应急车道内准备跨越到护栏外侧。

8 月 11 日 17 时，谢某某驾驶鲁 PA××××重型半挂牵引车在滨州市配货并往聊城送货，23 时左右从章丘市刁镇上高速，事发时沿 G2001 高速公路自东向西行驶。

12 日 0 时 45 分，重型半挂牵引车行驶至 G2001 高速公路 83 km+480 m 处，与豫 H4××××小轿车后部左侧碰撞，并先后碰撞杨某等 7 人。碰撞发生后，半挂牵引车推动小轿车前行一段距离后向左转向进入左侧行车道内，然后又向右转滑移运动一段距离进入应急车道，半挂牵引车骑轧行车道与应急车道分道线，推着小轿车向前运动至最终停止位置。

8 月 12 日凌晨 1 时 6 分，当地公安局高速交警支队接到报警后，值班民警立即赶赴现场，进行事故救援和现场勘查。当地政府接到报告后迅速启动了应急预案，立即调集工程机械、救护等车辆和人员开展现场救援，迅速将伤者送往医院全力救治，对事故现场实施交通管制，保护救援现场，并全力做好善后处置工作。

事故造成小轿车驾乘人员 2 人当场死亡，3 人经医院抢救无效死亡，2 人受伤。

（3）事故原因分析

1）直接原因

谢某某驾驶半挂牵引车夜间在高速公路上行驶时，违反相关规定，骑轧行车道分界线，使用手持电话发信息，致使车辆碰撞前方因故障停在应急车道内的小轿车，其行为是造成事故的直接原因。

2）间接原因

①运输公司未认真履行企业安全生产主体责任，未与驾驶人签订安全生产目标责任书、安全生产管理协议，未按公司安全生产管理制度每月对驾驶人员组织一次安全生产教育培训是导致事故发生的重要原因。

②小轿车驾驶人杨某在高速公路驾驶超员车辆，是加重伤亡后果的重要原因。

（4）事故教训与整改措施

相关企业要深刻吸取事故教训，落实安全生产责任制，健全安全生产规章制度，定期组织教育培训，提高驾驶人的安全意识，严格遵纪守法、规范操作。对于安全意识薄弱，存在不规范操作等违法行为的驾驶人，要作为重点管控对象加强教育，屡教不改的要坚决取消驾驶资格。

（5）相关知识与管理借鉴

在这起事故中，重型半挂牵引车驾驶人在夜间行驶过程中，犯了两个错误，一个是骑轧行车道分界线，另一个是使用手持电话。由于注意力不集中，致使车辆碰撞前方因故障停在应急车道内的小轿车，造成严重的人员伤亡。

车辆驾驶人在行驶中使用手持电话危害极大，主要体现在下面几个方面：

1）妨碍驾驶。驾驶人开车使用手持电话时单手把握转向盘，对驾驶车辆形成较大妨碍，对车速控制、车距把握、驾驶人视线都有影响，很容易引发交通事故。

2）分散精力。开车打电话时，驾驶人精力分散，妨碍对路面情况和周边环境的观察，一旦遇到紧急或突发情况，将会大大消弱驾驶人的应变能力，极易造成交通事故。

3）视野狭窄。开车时打电话会使驾驶人的视野变得狭窄，降低外围视觉的感知能力。在一项相关测试中发现，一名专心开车的驾驶人比一名分心打电话的驾驶人所记取的信息多50%，形成“不注意视盲现象”。打电话的驾驶人可能错过交通信号，经常看不到公告栏和其他标志。

4）堵塞交通。开车打电话会因分散注意力导致车速降低，影响其他车辆的通行率，引起交通拥堵。据测试，在中度或高度拥堵路况，驾驶人通话时变道次数会降低20%，驾驶速度也会降低。在非常拥堵路段，打电话的驾驶人比正常行驶的驾驶人要多用3%的时间；在中等流量路段，打电话的驾驶人需要比正常行驶的驾驶人多花2%的时间。

需要注意的是，《道路交通安全法实施条例》明确规定，驾驶机动车不得有拨打、接听手持电话、观看电视等妨碍安全驾驶的行为。因此，为了自己及他人的生命安全，开车时不要使用手持电话。

27. 重型半挂牵引车路口与小型普通客车相撞

2018年2月1日17时20分许，临沂临港经济开发区化工园区西路与黄海九路交会处，一辆号牌为鲁ED××××重型半挂牵引车，与一辆号牌为鲁QP××××小型普通客车发生侧面碰撞，造成小型普通客车上6人死亡、5人受伤，直接经济损失约589万元。

（1）事故相关情况

1）事故车辆情况

①鲁ED××××重型半挂牵引车，行驶证登记所有人为某物流有限公司（本案例简称物流公司），初次注册日期为2017年1月18日，

检验有效期至2019年1月31日，实际车主为薄某某。经鉴定，重型半挂牵引车制动装置齐全，各机件连接正常，制动性能合格。

②鲁QP××××小型普通客车，行驶证登记所有人为陈某，初次注册日期为2013年10月8日，检验有效期至2019年10月31日，核载人数为9人，使用性质为非营运。

2）车辆驾驶人情况

①重型半挂牵引车驾驶人薄某某，男，31岁，驾驶证准驾车型为A2，初次领取驾驶证日期为2008年8月22日，驾驶证有效期至2024年8月22日。薄某某的驾驶证状态为违法未处理，累计记分为7分。经查，事故发生时薄某某不涉酒驾和毒驾。

②小型普通客车驾驶人陈某，男，29岁，驾驶证准驾车型为C1，初次领取驾驶证日期为2016年5月11日，驾驶证有效期至2022年5月11日。陈某的驾驶证状态为正常。经查，事故发生时陈某不涉酒驾和毒驾。

3）事故车辆所属单位情况

物流公司成立于2012年2月9日。该公司于2016年8月16日取得道路运输经营许可证，有效期至2020年3月7日。公司经营范围为普通货运、货物专用运输（集装箱、罐式），大型物件运输（一类）。

4）事故道路和天气情况

化工园区西路呈南北走向，自北向南为缓下坡，沥青路面，道路中心有双黄实线，道路宽度40 m，双向十车道，同方向分为1条机动车左转车道，2条机动车直行车道，1条机动车直行、右转车道，1条非机动车道。化工园区西路与黄海九路交会路口有停止线、人行横道线等交通标线，无交通信号灯、交通指示标志牌和限速标志牌。事故当天该路段天气晴朗，路面干燥，视线良好。

（2）事故经过和救援情况

2018 年 1 月 31 日 18 时许，薄某某驾驶重型半挂牵引车装载了 41. 8 t 石油焦，计划将货物运输到临港经济开发区。2 月 1 日 17 时 20 分许，该车沿化工园区西路由北向南行驶至与黄海九路交会处，沿左转车道向南行驶进入路口并继续向南行驶。

2 月 1 日 16 时 55 分许，陈某驾驶小型普通客车乘载 10 人沿黄海九路由东向西行驶至事发路口，在左转向的过程中，小型普通客车前部右侧首先与重型半挂牵引车左侧中前部碰撞，之后小型普通客车在逆时针旋转的过程中后部又与重型半挂牵引车左侧中部碰撞，重型半挂牵引车最终停止于化工园区西路中心双黄实线西侧第一条机动车道内，小型普通客车最终停止于路口南侧化工园区西路东半幅路面的机动车道和非机动车道分道线处。

2 月 1 日 17 时 25 分许，当地交警大队事故处理中队值班民警到达事故现场后，立即组织抢救受伤被困人员，维持现场秩序，报告事故情况。市委市政府和临港经济开发区接到报告后立即启动应急响应，先后出动交警、消防、医疗救护等各类人员 160 人次，出动公安、急救、消防等救援车辆 15 辆次，快速有序地开展了救援工作。至 2 月 1 日 21 时 55 分，事故现场清理完毕并恢复通行。

（3）事故原因分析

1）直接原因

①重型半挂牵引车驾驶人薄某某驾驶机动车未按规定车道行驶、疲劳驾驶、超载、通过路口疏忽大意观察不周、未保持安全车速的违法行为，是导致事故发生的直接原因之一。

②小型普通客车驾驶人陈某驾驶机动车未按规定让行、车辆超员、遇路口未保持安全车速的违法行为，是导致事故发生的另一直接原因。

2）间接原因

物流公司安全生产主体责任不落实。企业主要负责人安全生产第一责任人履职不到位，安全生产规章制度不健全、不完善，安全生产隐患排查、安全生产教育和培训流于形式，对挂靠车辆管理不到位，未及时发现和纠正薄某某的疲劳驾驶行为。

（4）事故教训与整改措施

有关部门要加强对运输企业的安全管理，督促企业切实履行安全生产主体责任，严格落实动态监控平台值班制度，强化对所属运输车辆的实时监管，杜绝动态监控不到位现象的发生，杜绝驾驶人超速、疲劳驾驶等交通违法行为和对挂靠车辆只挂靠、不管理问题。

货源单位要督促企业对出场（站）货运车辆进行认真核实、检测，确保出场（站）货运车辆合法装载。

（5）相关知识与管理借鉴

这起事故发生在冬天傍晚，天色已经发暗，重型半挂牵引车直行，小型普通客车向左转弯，两辆车的速度都比较快。小型普通客车驾驶人没有按规定让行，结果造成两车相撞事故。事故之后，重型半挂牵引车驾驶人和小型普通客车驾驶人都因涉嫌交通肇事罪被采取刑事拘留强制措施。

有些路口没有设置交通信号灯，但有交通标志、标线，对此我国《道路交通安全法实施条例》第五十二条规定，机动车通过没有交通信号灯控制也没有交通警察指挥的交叉路口，除应当遵守第五十一条第（二）项、第（三）项的规定外，还应当遵守下列规定：

1）有交通标志、标线控制的，让优先通行的一方先行；

2）没有交通标志、标线控制的，在进入路口前停车瞭望，让右方道路的来车先行；

3）转弯的机动车让直行的车辆先行；

4）相对方向行驶的右转弯的机动车让左转弯的车辆先行。

28. 重型厢式货车采取措施不当与大型普通客车相撞

2017 年 5 月 4 日 14 时 2 分，省道 S310 线 15 km+56 m 路段（浏阳市文家市镇文苍路口）发生一起两车相撞的较大道路交通事故，造成 3 人死亡、22 人受伤及两车受损，直接经济损失 231.4 万元。

（1）事故相关情况

1）重型厢式货车及驾驶人情况

赣 CD××××重型厢式货车，行驶证登记所有人为江西某汽运集团有限公司（本案例简称汽运公司），初次注册日期为 2007 年 7 月 23 日，检验有效期至 2017 年 7 月 31 日。该车虽然安装有车载卫星定位装置，但从 2016 年 8 月至事故前卫星定位装置一直处于离线状态。

罗某某，男，赣 CD××××重型厢式货车驾驶人，持准驾车型为 A2 的驾驶证，初次领取驾驶证日期为 2003 年 8 月 16 日，驾驶证有效期至 2025 年 8 月 16 日。经鉴定，罗某某事发时无酒驾迹象。

2）大型普通客车及驾驶人情况

湘 A8××××大型普通客车，行驶证登记所有人为浏阳市某公共交通运输有限公司（本案例简称交通运输公司），检验有效期至 2017 年 6 月 30 日，核载人数为 61 人，事发时实载 24 人，状态正常，初次注册日期为 2012 年 6 月 18 日。经鉴定，事发时大型普通客车车速约 55 km/h，该车制动系、转向系静态检验无异常。

孙某某，男，湘 A8××××大型普通客车驾驶人，持准驾车型为 A1、E 的驾驶证，初次领取驾驶证日期 2005 年 11 月 15 日，驾驶证有效期至 2021 年 11 月 15 日。经鉴定，孙某某事发时无酒驾迹象。

3）事故车辆所属单位情况

汽运公司成立于2000年3月18日，经营范围为道路普通货物运输、货物专用运输等，2014年5月28日取得道路运输经营许可证。

交通运输公司成立于2012年5月30日，经营范围为公共汽车运输、汽车配件销售。2012年5月28日取得公共汽车线路经营许可证，许可证有效期至2016年5月27日。

4）事故道路情况

事故现场位于省道S310线与文苍公路交叉路口。省道S310线呈东西走向，沥青路面，双向两车道，道路中央有黄色单虚线，路口东西两端机动车道内有斑马线预告标线及十字路口标志，该路段限速70 km/h。事故发生路段北侧与S310线相交道路为浏阳市文苍公路，文苍公路为双向两车道，道路中央有黄色单实线。事故发生路段南侧与S310线相交道路为浏阳市文家市镇新发村村道，道路东、北、西侧均设有人行横道。该路口没有设置交通信号灯，路面干燥，白天视线良好。

（2）事故经过和救援情况

2017年5月4日14时2分，罗某某驾驶赣CD××××重型厢式货车沿S310线由西往东行驶至S310线15 km+56 m路段时，遇2辆小轿车依次同向在前方行驶，小轿车行驶至文苍路口突然减速停车，孙某某驾驶湘A8××××大型普通客车搭乘23人从相对方向行驶而来。由于罗某某驾车未与前车保持足够的安全距离且遇紧急情况采取措施不当，孙某某驾车行经交叉路口未确保安全车速，致使重型厢式货车驶入对向车道与大型普通客车相撞，导致3人死亡、22人不同程度受伤及两车受损的道路交通事故。

5月4日14时4分，当地公安局接到报警随即指派交警大队出警到现场进行处置，现场救援工作于5月4日16时30分结束。

（3）事故原因分析

1）直接原因

赣 CD××××重型厢式货车驾驶人罗某某安全意识淡薄，在此次事故中驾车未与前车保持必要的安全距离，行经省道 S310 线与文苍公路交叉路口时未提前减速慢行且遇紧急情况采取措施不当；湘 A8××××大型普通客车驾驶人孙某某驾车行经该路口时未提前减速；2 辆小轿车驾驶人未确保安全、未文明驾驶，突然减速停车引起交通事故。

2）间接原因

①汽运公司违反道路运输车辆动态监督管理办法的规定，对赣 CD××××重型厢式货车的车载卫星定位装置从 2016 年 8 月开始就离线的问题未采取有效措施进行整改，也没有禁止该车进行运输经营活动。公司违法将车辆出租给不具备资质条件的个人进行运输经营活动。公司还存在未及时掌握驾驶人员的交通违法记录、对驾驶人的违法驾驶行为纠正整改力度不够的问题。

②交通运输公司违反相关规定，将湘 A8××××大型普通客车违法分包给他人经营，且未与经营者签订专门的安全管理协议，对客运车辆不能实施有效的监管；公司违反相关规定，使客运公交班车超出规定线路从事包租业务。

（4）事故教训与整改措施

1）相关部门要针对汽车运输行业融资租赁的安全问题进行认真研究，严格按照相关规定和许可，查处运输经营活动中的违法行为，例如将车辆出租给不具备资质条件的个人进行经营活动、卸载车载卫星定位装置、不按经营范围经营等，对屡教不改且存在重大安全隐患等情况的公司，要依法依规从严从重处罚。

2）道路交通运输企业要落实安全生产主体责任，认真履行安全生产工作职责，建立健全并落实各项安全生产制度，通过动态监控、安全检查等措施，有效加强对所属车辆和驾驶人的安全管理，确保各项安全生产制度和措施执行到位。企业要加强从业人员安全教育，定期开展安全继续教育，重点加强复杂道路和恶劣天气驾驶常识、紧急避险、应急救援处置等方面的教育，提高从业人员的职业道德、安全意识、法律意识、责任意识和处置突发情况的能力。

（5）相关知识与管理借鉴

在这起事故中，重型厢式货车驾驶人罗某某负有主要责任，有多处违法情况。

《道路交通安全法》规定，同车道行驶的机动车，后车应当与前车保持足以采取紧急制动措施的安全距离。机动车通过交叉路口，应当按照交通信号灯、交通标志、交通标线或者交通警察的指挥通过；通过没有交通信号灯、交通标志、交通标线或者交通警察指挥的交叉路口时，应当减速慢行，并让行人和优先通行的车辆先行。

如果重型厢式货车驾驶人能够在行驶中遵纪守法，那么就会与同车道行驶的机动车保持安全距离，同时还会提前减速慢行，那么即使遇到前车突然减速停车的意外情况，也能从容地处置，不会驶入对向车道，也不会与对向行驶的客车发生相撞。所以，遵纪守法，按照交通法律法规驾驶车辆，安全就有保障。

29. 驾驶非法改装车辆突然驶入快车道与同向货车相撞

2015 年 9 月 25 日，沪昆高速公路湘潭段发生一起特大道路交通事故，造成 21 人死亡、11 人受伤，直接经济损失约 1 800 万元。

（1）事故相关情况

1）事故车辆情况

①桂 B3××××重型半挂牵引车，行驶证登记所有人为广西柳州市

某汽车运输有限责任公司（本案例简称汽车运输公司），实际车主是王某甲和杨某。发生事故时该车不具备道路运输经营资质。

②赣 E3×××挂半挂车，行驶证登记所有人为江西省某物流有限公司（本案例简称物流公司），核定载质量为 25 t，2009 年 11 月初次注册，办理了道路运输证，道路运输证有效期至 2016 年 7 月 31 日。经调查，该车挂靠物流公司，实际车主为王某甲和杨某。该车在车身主体上加装了一层货架，并进行过两次非法改装，车辆外廓尺寸和车身均不符合规定要求。

③湘 E9××××大型普通客车，系湖南省某汽车运输总公司（本案例简称运输总公司）省内市际班车，核载人数为 35 人，事发时实载 25 人。

④湘 B6××××轻型厢式货车，行驶证登记所有人为罗某某，2011 年 12 月 28 日初次注册，检验有效期至 2015 年 12 月 31 日。该车核定载质量为 1 495 kg，事发时实载约 750 kg；核载人数为 3 人，事发时实载 3 人。

⑤湘 E9××××小轿车，行驶证登记所有人为蒋某某，2012 年 3 月 19 日初次注册，检验有效期至 2016 年 3 月 31 日。车辆核载人数为 4 人，事发时实载 4 人。

2）车辆驾驶人情况

①王某甲，男，桂 B3××××重型半挂牵引车驾驶人，1999 年 10 月领取驾驶证，驾驶证准驾车型为 A2，王某甲经鉴定排除毒驾和酒驾情况。

②王某乙，男，湘 E9××××大型普通客车驾驶人，1995 年 7 月领取驾驶证，驾驶证准驾车型为 A1、A2，王某乙经鉴定排除毒驾和酒驾情况。

③罗某，男，湘 B6××××轻型厢式货车驾驶人，2006 年 6 月 26

日领取驾驶证，驾驶证准驾车型为 C1、E，罗某经鉴定排除毒驾和酒驾情况。

④蒋某某，男，湘 E9××××小轿车驾驶人，2008 年 4 月 17 日领取驾驶证，驾驶证准驾车型为 C1，蒋某某经鉴定排除毒驾和酒驾情况。

3）事故相关单位情况

①汽车运输公司成立于 2010 年 8 月，经营范围为道路普通货物运输，装卸搬运服务，货运信息咨询服务等。2015 年 4 月 1 日，该公司与杨某签订运输协议，杨某参与该公司商品运输车业务，合同有效期 2 年。

②运输总公司，经营范围为省际班车客运、客运站经营等。

4）事故道路和天气情况

事故发生在沪昆高速公路湘潭段，道路为双向四车道，东西走向，设有硬路肩、快速车道、行车道、应急车道，其中硬路肩宽 70 cm，行车道和快速车道宽均为 375 cm。道路采用中央绿化带隔离，绿化带两边均有波形护栏。事发时该路面车辆通行正常，路面平整无异物。事发时天气有轻雾，湿度较大。

（2）事故经过和救援情况

9 月 25 日 9 时 56 分许，王某甲驾驶桂 B3××××重型半挂牵引车（事发时空载）由东往西行驶至沪昆高速潭邵高速公路湘潭雨湖区 1 075 km+423 m 路段时，车辆突然从行车道向左驶入快速车道，与同向快速车道行驶的由罗某驾驶的湘 B6××××轻型厢式货车发生碰撞后冲过中央隔离护栏，又与对向行驶的分别由王某乙驾驶的湘 E9××××大型普通客车和蒋某某驾驶的湘 E9××××小轿车先后相撞，半挂牵引车和大客车起火燃烧，造成 21 人死亡、11 人受伤、4 车及公路设施不同程度受损的重大道路交通事故。

事故发生后，当地人民政府立即启动了事故应急预案，公安交警、交通路政施救和养护、消防、医疗等单位派救援车辆和人员到达事故现场后，第一时间将受伤人员送往医院救治。至9月25日17时8分，现场救援工作结束。

（3）事故原因分析

1）直接原因

驾驶人王某甲驾驶的车辆存在重大安全隐患（非法生产、非法改装的挂车，牵引车与挂车不匹配、车辆操纵性下降，车辆制动性能不合格）的车辆，以70 km/h左右的车速在主车道行驶至事发路段时，未按照操作规范安全驾驶，车辆突然向左偏离驶入快速车道，车辆左侧中后部与后方同向正在超车的湘B6××××轻型厢式货车发生刮擦、挤压、碰撞。王某甲没有采取有效控制车辆的措施，车辆冲过中央隔离护栏侵占对向车道路面，与对向正常行驶的湘E9××××大型普通客车、湘E9××××小轿车发生碰撞。碰撞导致半挂牵引车、大型普通客车油箱变形、破裂，柴油大量泄漏，引发两车起火燃烧，造成重大人员伤亡和车辆损失。

2）间接原因

①物流公司法定代表人不能有效履行安全生产第一责任人责任，公司实际控制人刘某某非法倒卖机动车登记、运输牌证，明知赣E3×××挂半挂车系非法生产，仍然使用其从事道路货物运输，明知桂B3××××半挂牵引车辆制动系不合格，仍允许该车长期违规运行。

②汽车运输公司未为桂B3××××半挂牵引车办理道路运输证，公司相关管理人员明知赣E3×××挂半挂车系非法生产和改装，仍违法使用其从事道路货物运输，公司安全培训教育不到位。

③汽车运输公司对车辆资质把关不严，调度无道路运输证、严重超限和安全技术状况不符合要求的车辆运输货物。

④物流公司对配货车辆审核把关不严，给无道路运输证和超限车辆配货。

（4）事故教训与整改措施

此次事故暴露出超限和改装的运输车在生产制造、检测检验、登记上户、经营管理和安全监管等方面存在的系列问题，其问题的严重性和广泛性应该引起相关管理部门的高度重视。

道路运输企业要认真落实安全生产责任。一是要认真落实企业安全生产主体责任，严格执行国家有关法律法规和规章制度，建立健全安全生产责任制和安全管理规章制度。二是要采购符合国家标准的合格运输车辆，严格按照规定进行日常检查和定期维护保养，始终保持营运车辆技术状况良好，坚决杜绝“包而不管、挂而不管、以包代管、以挂代管”的情况。

（5）相关知识与管理借鉴

这起事故的发生，是驾驶人王某甲驾驶存在重大安全隐患的运输车在道路上行驶，从事运输活动直接造成的。

这起事故给道路运输企业敲响了警钟，从反面告诫企业领导、管理人员要重视车辆的安全，重视车辆技术管理。车辆技术管理是企业行车安全管理的一项重要内容，这项管理工作做得好不好，直接关系到安全管理工作的优劣。车辆技术管理的范围，包括从车辆的选购开始直至报废的全过程，其重点是对运行车辆在使用期技术要求的管理。车辆技术管理的核心是提高道路运输装备质量，确保运行车辆在使用中经常保持良好的技术状况，保证安全，降低事故发生率。

30. 重型专项作业半挂车与对向行驶的小轿车相撞

2017 年 6 月 5 日 10 时 20 分，在怀仁县境内省道 205 线 15 km+

690 m 处，发生一起由南向北驶入对向车道的重型专项作业半挂车与对向行驶的小轿车相撞较大道路交通事故，造成 5 人死亡，双方车辆不同程度受损，直接经济损失 412. 529 万元。

（1）事故相关情况

1）重型专项作业半挂车及驾驶人情况

①重型专项作业半挂车由晋 B4××××陕汽重型半挂牵引车与冀 GK×××挂重型专项作业挂车两部分组成，共 6 轴，为张某甲、张某乙两人合伙购买，张某甲为实际所有人。车辆道路运输证于 2011 年 5 月 3 日核发，道路运输证有效期至 2018 年 4 月 30 日。

②重型专项作业半挂车驾驶人张某甲，男，未依法取得驾驶证和道路运输从业人员从业资格证，事故发生时属无证驾驶、非法营运。

2）小轿车及驾驶人情况

①鲁 DC××××小轿车，出厂日期为 2012 年 4 月 3 日，核载人数为 5 人，事发时实载 5 人。小轿车的实际所有人为赵某某。

②小轿车驾驶人赵某某，男，41 岁，初次领取驾驶证日期为 2006 年 1 月 24 日，驾驶证准驾车型为 C1，驾驶证有效期至 2012 年 1 月 24 日。赵某某因涉嫌吸毒，事故发生前驾驶证被注销，属无证驾驶，在本起事故中死亡。

3）事故道路和天气情况

事故现场位于怀仁县境内省道 205 线 15 km+690 m 丁字路口处，路口南北方向为省道 205 线，道路平直干燥，路况完好，设双向两车道，每条车道宽 400 cm，两条非机动车道宽分别为 180 cm 和 150 cm。道路中心有单黄虚线。道路由南向北为下坡，坡度 0. 69%。路口东西方向为机动车、非机动车混合道，道路宽 640 cm，土质路面，无标志、标线。路口北 3 800 cm 处设置有丁字交叉路口标志，10 750 cm 处设置有村庄标志。事故发生时该路段主要技术指标符合相关标准规范要求。事故发生时天气为阴天，能见度低。

（2）事故经过和救援情况

从2017年3月27日开始，张某甲驾驶重型专项作业半挂车从大同运输粉煤灰到水泥厂，运输路线为省道205线、鹅毛口超载治理站、省道206线、水泥厂，卸货后原路返回。到事故发生时共计运输粉煤灰46车。

6月5日1时到3时30分，张某甲驾驶重型专项作业半挂车完成了当天第一趟粉煤灰运输，返回大同后在车上睡到8时30分再次装粉煤灰，9时12分到水泥厂，10时卸货，再次返大同。

10时20分，当张某甲驾车沿省道205线由南向北行驶至15 km+690 m处时驶入对向车道，与对向行驶的赵某某驾驶的小轿车发生碰撞，造成小轿车内5名乘员死亡、双方车辆不同程度受损的较大道路交通事故。事故发生后，张某甲弃车逃离事故现场。12时10分，张某甲向当地公安局交警大队投案。

6月5日10时29分，当地公安局接到报警后派人赶赴现场进行救援和处置。10时50分左右，“120”急救中心的医护人员、消防人员先后到达事故现场开展现场救援。17时左右，现场勘查结束、清理完毕、撤除警戒，恢复正常交通秩序。

（3）事故原因分析

1）直接原因

驾驶人张某甲无证驾驶不符合安全技术条件的机动车上道路行驶，会车时未减速慢行且采取措施不当驶入对向车道，是造成事故发生的直接原因。

2）间接原因

①驾驶人赵某某无证驾驶机动车会车时未减速慢行，是造成事故的主要原因。

②张某甲无证驾驶重型专项作业半挂车从事粉煤灰运输，多次往返于省道 205 线事发路段，其间，货源地和途经地公安交警和交通部门对张某甲无证驾驶违法行为未进行查处，存在监管漏洞，致使其严重危及道路交通安全的违法行为未能及时得到纠正，安全隐患未能及时得到消除。同时，货源单位为证照不全的车辆装载货物，也是造成事故发生的主要原因。

（4）事故教训与整改措施

交通管理部门要针对该起事故暴露出的源头安全隐患，向源头监管单位递交交通安全隐患预警通知书，切实防止有安全隐患的车辆上路行驶，危及道路安全。

（5）相关知识与管理借鉴

这起事故的发生，与重型专项作业半挂车驾驶人疲劳驾驶有关。从张某甲的驾驶情况来看，6 月 5 日 1 时到 3 时 30 分，完成了当天第一趟粉煤灰运输。返回大同后，张某甲在半挂牵引车上睡到 8 时 30 分再次装粉煤灰，然后驾驶车辆运输，休息时间只有 5 h，这对于需要精力高度集中的大型货车驾驶人来说，睡眠时间太少了。

驾驶疲劳是指驾驶人在长时间连续行车后，产生生理机能和心理机能的失调，在客观上出现驾驶技能下降的现象。驾驶人睡眠不足或长时间驾驶车辆时容易出现疲劳。驾驶疲劳会影响到驾驶人的感觉、知觉、思维、判断、意志等方面。疲劳后继续驾驶车辆，驾驶人会感到困倦、四肢无力、注意力不集中、判断能力下降，甚至出现精神恍惚或瞬间记忆消失，有动作迟缓或过早的现象，会产生操作停顿或修正时间不当等不安全因素，极易发生道路交通事故。因此，疲劳后严禁驾驶车辆。

31. 重型半挂牵引车在路口与转弯小客车碰撞翻落路沟

2017 年 5 月 10 日凌晨 1 时 6 分许，在阳江市雅白线西往东方向新朗村路口路段（雅白线修路，事发路段实施单边双行）发生一起一辆粤 QY××××（挂车号牌为粤 Q9×××挂）重型半挂牵引车与一辆粤 QW××××小客车发生碰撞事故，两车翻落路沟，小客车被重型半挂牵引车运载的石粉埋没，造成重型半挂牵引车司机 1 人和小客车上 3 人死亡，直接经济损失约 190 万元。

（1）事故相关情况

1）事故车辆情况

①粤 QW××××小客车，行驶证登记所有人为关某甲，车辆核载人数为 5 人，事发时实载 3 人。车辆初次注册日期为 2016 年 3 月 24 日，检验有效期至 2018 年 3 月 31 日。

②粤 QY××××重型半挂牵引车，行驶证登记所有人为阳春市某贸易有限公司（本案例简称贸易公司），核载人数为 2 人，事发时实载 1 人。车辆使用性质为货运，初次注册日期为 2014 年 1 月 3 日，检验有效期至 2018 年 1 月 31 日。

③粤 Q9×××挂重型自卸半挂车，行驶证登记所有人为贸易公司，核定载质量为 32 000 kg，事发时实载 86 730 kg。车辆使用性质为货运，初次注册日期为 2014 年 2 月 7 日，检验有效期至 2018 年 2 月 28 日。

2）车辆驾驶人情况

①粤 QW××××小客车驾驶人关某乙，男，25 岁，驾驶证准驾车型为 C1，初次领取驾驶证日期为 2012 年 4 月 19 日，驾驶证有效期至 2018 年 4 月 19 日。经鉴定，关某乙血液中酒精含量 202 mg/100 ml，属醉驾。毒检结果显示为阴性，没有涉嫌毒驾。

②粤 QY××××重型半挂牵引车驾驶人梁某某，男，43 岁，驾驶证准驾车型为 A2、E，初次领取驾驶证日期为 1999 年 12 月 10 日，驾驶证有效期至 2024 年 12 月 10 日。经鉴定，梁某某没有涉嫌酒驾、毒驾。

3）事故车辆所属单位情况

贸易公司成立于 2011 年 5 月 6 日，取得营业执照和道路运输经营许可证。

4）事故道路和天气情况

事故路段大致呈东西走向，东往阳东区雅韶方向，西往江城区白沙方向，道路南侧为新朗村，北侧为阳江市一中。道路原为双向四车道，有中心绿化带。事发时道路北侧东往西方向车道封闭维修，南侧西往东方向车道为沥青路面，宽 8 m，实施双向单行，以反光锥、铁栅栏等设施物理分隔，以人行道、学校路段、改道、限速等交通标志控制，限速 30 km/h。道路南侧田地与路面落差 4 m。事发时天气为雨天，路面潮湿，道路有路灯照明，能见度较好。

（2）事故经过和救援情况

2017 年 5 月 10 日，关某乙驾驶粤 QW××××小客车搭载乘客郑某甲、郑某乙沿雅白线由东往西方向行驶，于当天 1 时 6 分许驶至雅白线 10 km+110 m 处（新朗村路口）左转弯进入新朗村时，遇梁某某驾驶运载石粉的重型半挂牵引车对向行驶，重型半挂牵引车车头与小客车车身右侧发生碰撞，重型半挂牵引车将小客车推下道路右侧田地，挂车向左侧翻压住小客车，造成 4 人当场死亡和两车损坏的较大道路交通事故。

5 月 10 日 1 时 8 分，当地公安局接到群众报案后立即指令交警大队、急救中心和消防部门到达现场开展抢救伤者、控制现场和勘查取证工作，8 时 30 分货车及挂车被吊上路面。路面被清理完毕后，

10时许恢复通车。

(3) 事故原因分析

1) 事故原因

经交警部门调查取证认定，关某乙醉酒驾驶机动车转弯不让直行车辆先行，是导致事故发生的主要原因之一；梁某某驾驶擅自改变登记结构的机动车超过限速标志标明的最高速度行驶、机动车载物超过核定载质量，也是导致事故发生的主要原因之一。关某乙、梁某某承担此事故的同等责任。

2) 间接原因

贸易公司未落实安全生产主体责任，安全生产隐患排查治理不到位，公司存在运输车辆超限超载等安全隐患；公司安全生产教育培训不到位，未加强对所聘用司机梁某某的安全生产教育培训，未采取有效措施消除司机超限、超载运输的安全隐患；作为从事道路运输的生产经营单位，公司主要负责人未经道路运输主管部门或安全监管部门培训考核合格。

(4) 事故教训与整改措施

贸易公司应落实安全生产主体责任，建立完善的安全生产相关制度和管理机构，加强运输车辆安全管理，自觉遵守车辆装载标准，做到不超限、不超载，运输车辆安全和技术性能要符合国家标准；要加强从业人员资质管理和安全教育，坚持岗前专业培训，经考试合格后方能上岗；要坚持定期对驾驶人开展法律法规、典型交通事故安全警示、技能训练、应急处置等安全教育培训。

(5) 相关知识与管理借鉴

在这起事故中，关某乙醉酒驾驶机动车转弯不让直行车辆先行，是导致事故发生的主要原因之一；梁某某驾驶擅自改变登记结构的机动车超过限速标志标明的速度行驶、机动车载物超过核定载质量，也是导致事故发生的主要原因之一，二人承担此事故的同等责任。

驾驶小客车的驾驶人血液中酒精含量 202 mg/100 ml，属醉驾，对事故的发生负有重要责任。酒驾以及醉驾，危害很大，主要体现在这样几个方面：

1）触觉能力降低，精神亢奋。饮酒后驾车，由于酒精的刺激和麻醉作用，人的手、脚的灵敏性较平时降低，往往无法正常控制加速踏板、制动及转向系统，并且容易兴奋，过分地自信。

2）判断能力和操作能力降低。饮酒后，驾驶人对光、声刺激反应时间延长，本能反射动作的时间也相应延长，感觉器官和运动器官如眼、手、脚之间的配合功能发生障碍，无法正确判断距离、速度。

3）视觉模糊。饮酒后驾驶人视线模糊，辨色能力下降，因此不能发现和正确判断交通信号、标志和标线。饮酒后驾驶人视野变小，眼睛只盯着前方目标，难以发现危险因素，易发生事故。

4）心态不正常。在酒精的刺激下，驾驶人往往会过高地估计自己的能力而引发交通事故。

5）易疲劳。饮酒后由于酒精的作用，多数人会出现困倦、嗜睡现象，容易发生不规范的驾驶行为而引发交通事故。

科学研究发现，驾驶人在没有饮酒的情况下行车发现前方有危险情况时，从视觉感知到踩制动踏板的动作反应时间为 0. 75 s，而饮酒后反应时间要增加 2～3 倍，制动距离相应延长，这大大增加了发生事故的可能性。资料表明，人饮酒后开车发生事故的可能性为没有饮酒情况下的 16 倍。所以，饮酒驾车，特别是醉酒后驾车，对道路交通安全的危害是十分严重的。

32. 重型货车高速公路夜间行驶驾驶人处置不当致7辆车碰撞

2018年4月17日22时45分许，在沈海高速公路上行线（湛江往广州方向）K3321+950 m处发生一起7辆车首尾碰撞事故，造成3人死亡。

（1）事故相关情况

1）事故车辆情况

①皖SA××××重型仓栅式货车，行驶证登记所有人为亳州市某汽车运输有限责任公司（本案例简称运输公司），实际所有人为张某甲，车辆使用性质为货运，检验有效期至2019年3月31日，该车核定载质量为18 905 kg，事发时实载15 040 kg。

②粤G5××××大型普通客车，行驶证登记所有人为广东省湛江市某客运有限公司（本案例简称客运公司），车辆使用性质为公路客运，检验有效期至2018年8月。该车核载人数为49人，事发时实载31人。

2）车辆驾驶人情况

①皖SA××××重型仓栅式货车驾驶人张某乙（事故中死亡），男，24岁，驾龄2年，驾驶证准驾车型为B2。经鉴定，张某乙不涉及酒驾、毒驾。

②粤G5××××大型普通客车驾驶人黄某某（事故中死亡），男，49岁，驾龄13年，驾驶证准驾车型为A1。经鉴定，黄某某不涉及酒驾、毒驾。

3）事故车辆所属单位情况

①运输公司成立于2013年7月30日，经营范围为道路普通货物运输，有道路运输经营许可证。

②客运公司成立于2001年12月30日，经营范围为省际、市际、

县际班车客运、包车客运。

4）事故道路和天气情况

事故现场位于沈海高速公路上行线（湛江往广州方向）K3321+950 m处，道路呈东西走向，东往广州方向，西往湛江方向。道路沥青路面完好，地表潮湿，视线良好。道路小客车限速120 km/h，其他机动车限速100 km/h。事发路段当天为晴天。

（2）事故经过和救援情况

2018年4月17日22时45分，张某乙驾驶皖SA××××重型仓栅式货车沿沈海高速公路上行线由湛江往广州方向行驶至K3321+950 m处的主车道时，追尾碰撞前方因交通拥堵而跟随前车刚停下的由黄某某驾驶的粤G5××××大型普通客车，致使等候通行的多辆车发生碰撞，事故造成3人死亡、多人受伤、7辆车不同程度损坏的较大道路交通事故。

4月17日22时56分，当地公安局交通警察支队派人员及时赶往现场开展抢救伤员、控制现场和勘查取证工作。在各级领导带领下和相关职能部门的密切配合下，18日凌晨1时40分完成事故现场勘查工作，2时30分事故现场被清理完毕，全线恢复通车。

（3）事故原因分析

1）直接原因

张某乙驾驶皖SA××××重型仓栅式货车未与前车保持足够的安全距离且没有按照操作规范安全驾驶机动车，其行为违反《道路交通安全法》的规定，是导致该起交通事故发生的直接原因，张某乙承担此事故的全部责任。

2）间接原因

运输公司安全生产管理和教育培训不到位，没有做好挂靠货车驾驶人的备案工作，存在挂靠货车实际驾驶人安全管理漏洞；公司对挂靠货车实际驾驶人的安全教育培训不到位。

（4）事故教训与整改措施

这起事故暴露出货运企业对所属货车，特别是挂靠货车疏于管理，货车驾驶人安全意识淡薄，未严格按照道路交通安全法律法规的规定驾驶车辆的问题。

运输公司应深刻吸取事故教训，切实履行企业安全生产主体责任，加大隐患排查治理力度，堵塞安全管理漏洞，认真开展整改，提高防范交通安全责任事故的能力。

（5）相关知识与管理借鉴

这起事故发生的时间是22时左右，视线不清是造成车辆追尾碰撞的一个原因，另一个原因则是车速过快。经调查，重型仓栅式货车事发时车速为90 km/h。

高速公路与普通公路相比，具有速度快、通行能力大、行车安全等优点。其中速度快是其最主要的优点，也是高速公路与普通公路的根本区别。车速快既是优点又是缺点，一旦发生事故，造成的人员伤亡和车辆损失也会更加严重。

高速公路上最常见的事故是追尾事故，造成此类事故发生的原因多种多样，但大致可以归纳为8个原因。

1）超速行驶。十次事故九次快，追尾事故大部分是行车过快致使反应不及造成的。

2）与前方车辆没有保持足够的安全距离。高速公路上有距离提示标志，用来提醒车辆驾驶人要与前车保持足够长的车距。只有保持足够长的车距，才能保证可以较早发现前方突发情况，才能给自己留出更多的预判和操作时间。

3）不按规定停车。高速路上行车速度过快，如果前方车辆紧急制动或者停车，都有可能致使后方司机反应不及，造成追尾事故。

4）随意及违法超车。在高速公路上随意超车，甚至利用应急车道超车，不仅违法，还容易碰撞停留在应急车道的车辆，极易发生危险。

5）司机状况不佳。疲劳驾驶、酒后驾驶、带情绪驾驶会造成驾驶人反应迟钝。此类事故的发生是司机主观状况引起的，是完全可以避免的。为了自身的安全，一定不要疲劳驾驶和酒后驾驶，在情绪不好时，应注意控制情绪，平安驾驶。

6）超载行车。车辆超载时，载质量增大，惯性加大，制动距离加长。如果严重超载，则会因轮胎负荷过重、变形过大而引起爆胎、突然偏驶、制动失灵、翻车等事故。另外，超载还会影响车辆的转向性能，易因转向失控而导致事故。

7）随意变道。随意变道容易与其他正常行驶的车辆发生碰撞，或者影响其他车辆的正常行驶。

8）车辆制动性能不符合要求。如果行车制动系统、驻车制动系统、辅助制动系统存在问题，或者制动系统零件磨损未能及时更换、维修时容易发生事故。

33. 货车与小客车通过交叉路口驾驶人不注意观察引发相撞

2016 年 4 月 16 日，在滁州市南谯区洪武路与皇庆湖路交叉路口处，发生一起货车与小客车相撞的较大道路交通事故，造成 4 人死亡、3 人受伤。

（1）事故相关情况

1）事故车辆情况

①粤 BC××××重型厢式货车，行驶证登记所有人为深圳市某物流有限公司（本案例简称物流公司），初次注册日期为 2016 年 3 月 25

日，使用性质为货运。车辆检验有效期至 2017 年 3 月 29 日，车辆状态为正常。

②皖 MX××××小客车，行驶证登记所有人为徐某，使用性质为非营运。车辆检验有效期至 2017 年 2 月 28 日，车辆状态为正常。

2）车辆驾驶人情况

①汪某某，粤 BC××××重型厢式货车驾驶人，男，2010 年 3 月 26 日初次领取驾驶证，驾驶证准驾车型为 B2，驾驶证状态为正常。

②徐某，皖 MX××××小客车驾驶人，男，2014 年 1 月 3 日初次领取驾驶证，驾驶证准驾车型为 C1，驾驶证状态为正常。

3）事故道路情况

事故现场位于南谯区洪武路与皇庆湖路交叉路口处，其中洪武路已建成通车，尚未移交交警部门管理，为东西走向；皇庆湖路为在建道路，南北走向。两条道路垂直平交，均为沥青路面，洪武路道路中心设有绿化隔离带，该路段限速 80 km/h；皇庆湖路中心有隔离黄线，该路段尚未安装限速标志。事发时为雨天，路面潮湿。道路白天视线良好，事故发生时该交叉路口无信号灯控制通行。

（2）事故经过和救援情况

2016 年 4 月 16 日 19 时 35 分，汪某某驾驶粤 BC××××重型厢式货车沿洪武路由东向西行驶至洪武路与皇庆湖路交叉路口处，与沿皇庆湖路由南向北行驶进入路口的由徐某驾驶的皖 MX××××小客车相撞，事故造成小客车内 4 人死亡、3 人受伤，小客车严重损坏。

事故发生后，当地公安局立即指令交警支队赶赴事故现场，组织抢救受伤人员、疏导交通、勘查取证并逐级上报事故。

（3）事故原因分析

1）直接原因

汪某某驾驶重型厢式货车和徐某驾驶小客车经过没有信号灯的十

字交叉路口处时观察不仔细，致使两车相撞，是事故发生的直接原因。

2）间接原因

①在建道路未进行隔离，道路交通安全设施不全。事故现场原设有信号灯控制通行，2016 年 3 月 28 日因发生交通事故信号灯杆被货车撞坏，至此次事故发生时信号灯尚未恢复。

②物流公司没有认真履行安全生产管理责任，对车辆道路货物运输过程中的安全生产工作督促、检查不到位，安全教育不到位，驾驶人安全意识淡薄。

（4）相关知识与管理借鉴

经鉴定，两车发生碰撞时，小客车车速为 66~71 km/h、重型厢式货车车速为 61~66 km/h。也就是说，在经过没有交通信号灯控制的交叉路口时，小客车与重型厢式货车驾驶人都没有降低车速，都没有注意观察，没有预防左右两个方向的来车。从事故的结果来看，在事故发生时，两辆车似乎都没有制动，或者制动已经来不及了，因此，车辆的撞击力非常大，造成的后果也十分严重，导致 4 人死亡，3 人受伤。经调查认定，此次事故是一起因货车、小客车驾驶人在没有确保安全的情况下盲目通行造成的较大道路交通责任事故。

通过没有交通信号灯的交叉路口正确的驾驶方法，一是减速慢行，二是注意观察路口情况，三是平稳通过路口，有人总结为“一慢二看三通过”，确实有道理。通过没有交通信号灯的路口，哪怕车流量不大也可能存在危险，因为各个方向都处于通行状态。如果驾驶人没有减速、没有观察，同时侧面行驶过来的车辆驾驶人也没有减速，也没有注意观察，凑巧在路口相遇，就很容易发生事故。

34. 重型货车超载超速行驶在交叉路口与重型半挂牵引车相撞

2014 年 5 月 15 日，凤阳县境内发生一起重型货车在交叉路口与重型半挂牵引车相撞的较大道路交通事故，造成 3 人死亡。

（1）事故相关情况

1）事故车辆情况

①皖 M6××××重型自卸货车，行驶证登记所有人为凤阳县某汽车运输有限公司，车辆检验有效期至 2015 年 1 月 31 日。

②皖 L8××××重型半挂牵引车，行驶证登记所有人为灵璧县某运输有限公司，检验有效期至 2015 年 3 月 31 日。

2）车辆驾驶人情况

①黄某，男，29 岁，皖 M6××××重型自卸货车驾驶人，驾驶证准驾车型为 B2、E。

②田某某，男，47 岁，皖 L8××××重型半挂牵引车驾驶人，驾驶证准驾车型为 A2。

3）事故道路情况

事故现场位于凤阳县中都大道与凤翔大道交叉路口。中都大道呈南北走向，向南通往凤阳县新城区，向北通往门台街道，道路宽 21 m。凤翔大道呈东西走向，向东通往合蚌路，向西通往蚌埠市，道路宽 22 m，中间有隔离带。两车道均为水泥路面，路面完好，道路平直、干燥，视线良好。在事发路段交叉路口设有交通信号灯，事发时，恰逢停电，交通信号灯不亮。凤翔大道设有限速 50 km/h 的限速标志，中都大道设有限速 40 km/h 的限速标志。

（2）事故经过和救援情况

2014 年 5 月 15 日 6 时许，黄某驾驶皖 M6××××重型自卸货车，沿中都大道由北向南行驶至中都大道与凤翔大道交叉路口时，与沿凤翔大道自西向东行驶的田某某驾驶的皖 L8××××重型半挂牵引车相撞，造成重型半挂牵引车乘车人肖某某、张某某当场死亡，田某某经抢救无效死亡。

事故发生后，当地公安局交警大队带领值班交警赶到现场组织抢救受伤人员、疏导交通并逐级上报事故情况。

此次事故共造成 3 人死亡，两车严重损坏，直接经济损失约 280 万元。

（3）事故原因分析

1）直接原因

重型自卸货车驾驶人超速、超载行驶，擅自驶入禁止通行路段，重型半挂牵引车超速行驶，是事故发生的直接原因。

2）间接原因

①肇事驾驶人交通安全意识差，不遵守法律法规的有关规定，货运车辆存在超载、超速行驶等违法行为。

②道路交通运输管理部门作为专门管理机构，依规履行监管职责不力，安全监管存在盲区，监管工作存有疏漏。

③有关部门路面管控不到位，停电时交通安全应急处置不力，没有及时派人在路口中央进行指挥，导致 4 个方向的车辆抢行通过，并导致事故发生。

（4）相关知识与管理借鉴

在这起事故中，由于停电，交叉路口的交通信号灯失效，失去了对行车的制约，驾驶人只顾自己抢行通过，不管他人安危，导致了事故的发生。经鉴定，事故发生时，重型自卸货车的行驶速度为 90～93 km/h、重型半挂牵引车的行驶速度为 60～63 km/h，两辆车均超速。

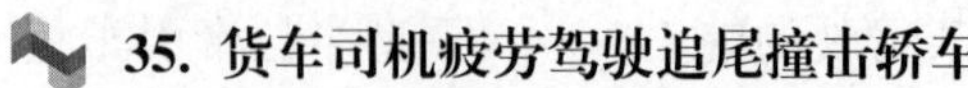

35. 货车司机疲劳驾驶追尾撞击轿车

2013年5月10日，宁洛高速来安段（安徽滁州市来安县境内）发生一起重型半挂货车司机疲劳驾驶，追尾撞击轿车起火燃烧的较大道路交通事故，事故造成4人死亡、1人受伤。

（1）事故相关情况

1）事故车辆情况

①晋M6××××重型半挂货车，行驶证登记所有人为运城市某有限公司（系牛某甲购买并挂靠在该公司），检验有效期至2013年6月30日。

②苏AQ××××小轿车，行驶证登记所有人为杨某，检验有效期至2014年5月31日。

2）车辆驾驶人情况

①牛某乙，男，32岁，晋M6××××重型半挂货车驾驶人，驾驶证准驾车型为A2。

②孙某某，男，34岁，苏AQ××××小轿车驾驶人，驾驶证准驾车型为C1。

3）事故现场情况

事故现场位于宁洛高速公路下行线67 km+436 m，道路呈南北走向，南往南京方向，北往洛阳方向。道路为沥青路面，路面完好，道路平直、干燥，视线良好。

（2）事故经过和救援情况

2013年5月10日4时15分左右，牛某乙驾驶晋M6××××重型半挂货车沿宁洛高速公路由北向南行驶，行驶至67 km+436 m处时，因疲劳驾驶追尾撞击孙某某驾驶的苏AQ××××小轿车，造成小轿车上4人死亡、1人受伤，两车不同程度损坏。

事故发生后，当地交警赶到现场组织抢救受伤人员，随后，当地公安、安全监管部门负责人赶到现场，组织救援工作和善后处置工作。

（3）事故原因分析

1）直接原因

重型半挂货车驾驶人疲劳驾驶是事故发生的直接原因。

2）间接原因

①重型半挂货车驾驶人法律意识淡薄，自身安全意识不强，清晨出车上路行驶没有安排好作息时间。

②重型半挂货车所属运输公司对驾驶人员管理不严，交通安全教育不到位，对安全生产工作重视不够、监督检查不力，对安全隐患治理不到位。

（4）事故教训与整改措施

为了深刻吸取事故教训，预防类似事故再次发生，相关单位应采取以下措施：

1）切实加强对驾驶人员的交通安全宣传教育。要充分发挥新闻媒体的导向和监督作用，对交通违法行为进行曝光，保持强势舆论氛围，增强交通安全宣传教育的针对性和有效性。

2）强化源头管理，切实加强对驾驶人员的交通安全宣传教育和培训工作，提高驾驶人员的安全意识、规则意识，提高其应急处置技能和安全素质。

（5）相关知识与管理借鉴

此次事故是一起由货车驾驶人疲劳驾驶所造成的较大道路交通责任事故。按照《道路交通安全法》第二十二条第二款的规定，货车驾驶人对事故的发生负全部责任。鉴于其涉嫌违法，应当被移送司法机关追究其刑事责任。

疲劳驾驶是驾驶人的大敌，许多事故的发生，是因疲劳驾驶引起的。疲劳驾驶主要表现为判断能力下降、反应迟钝和操作失误增加。疲劳驾驶可以分为不同程度，当驾驶人处于轻微疲劳时，会出现换挡不及时、不准确的行为；当驾驶人处于中度疲劳时，操作动作呆滞，有时甚至会忘记操作；当驾驶人处于重度疲劳时，往往会下意识操作或出现短时间睡眠现象，严重时会失去对车辆的控制。

《道路交通安全法实施条例》规定，驾驶机动车不得有连续驾驶超过 4 h 未停车休息或者停车休息时间少于 20 min 的行为，对违反规定的，有关部门可依法进行处罚。

需要提醒的是，处罚不是目的，保证安全才是目的。对于这起事故，如果事故发生之前驾驶人受到处罚，并且被迫休息几个小时，那么这起车毁人亡的事故就可能避免，驾驶人自己也不会被追究刑事责任。

36. 重型半挂牵引车严重超载制动失效与 9 辆车碰撞

2010 年 10 月 28 日 9 时 40 分，辽 H7××××重型半挂牵引车在内蒙古自治区乌兰察布市境内京藏高速公路集宁段行驶时因严重超载、制动失效先后与 9 辆车发生碰撞，造成 11 人死亡、4 人受伤的重大道路交通事故，直接经济损失约 600 万元。

（1）事故相关情况

1）事故车辆情况

辽 H7××××重型半挂牵引车，型号为解放 CA42，出厂日期为 2009 年 12 月 19 日，行驶证登记所有人为辽宁省某运输有限公司（本案例简称运输公司），实际所有人为辽宁省大石桥市许某某。该车核定载质量为 31. 8 t，事发时实载 60. 84 t，属于严重超载。

2）车辆驾驶人情况

王某某，男，驾驶证准驾车型为 A2，初次领取驾驶证日期为 2002 年 4 月 18 日，驾驶证有效期至 2014 年 4 月 18 日。

3）事故车辆所属单位情况

运输公司于 2008 年 1 月 15 日成立，经营范围为道路货物运输，道路运输经营许可证有效期至 2011 年 1 月 8 日。

4）事故道路和天气情况

事故现场位于京藏高速公路内蒙古乌兰察布市境内 338 km+300 m 处，道路为东西走向，双向四车道，事故发生路段坡长 12 km，坡度为 2%~4%（下坡），单侧紧急停车带宽 3.33 m。该路段无紧急避险台。事故发生时肇事车由西向东行驶。事故当天天气晴朗，路面干燥。

（2）事故经过和救援情况

H7××××重型半挂牵引车 2010 年 10 月 27 日在呼和浩特市托克托县煤场装完煤后，于 10 月 28 日 6 时 15 分和 6 时 27 分分别途经省道 103 线辅道白庙子收费站和呼和浩特市绕城高速公路呼和浩特南收费站驶入高速公路，沿途经卓资山卸载点，但未驶入超载超限检查点进行卸载。

9 时 40 分，该车沿京藏高速公路由西向东行驶至乌兰察布市集宁段 338 km+450 m 处，驾驶人在采取制动措施时发现车辆制动失灵，惊慌失措驶入紧急停车带，先后与其他 9 辆车发生碰撞，造成 11 人死亡、4 人受伤的重大道路交通事故，直接经济损失约 600 万元。

（3）事故原因分析

1）直接原因

驾驶人王某某驾驶严重超载且机件不符合相关技术标准的重型半

挂牵引车在高速公路上行驶，遇紧急情况采取措施不当是造成事故的直接原因。王某某的行为违反了《道路交通安全法》的规定，过错严重，承担此事故的全部责任。

2）间接原因

①运输公司对重型半挂牵引车的安全监管不到位，对该车长期违法超载的运输行为没有进行监督检查并予以制止。

②运输公司与该车实际车主签订了无效的安全生产协议，公司对驾驶人培训教育不到位，对该车机件不符合相关技术标准的情况没有采取任何措施予以改正。

（4）相关知识与管理借鉴

对于货车驾驶人来讲，在进入长下坡路段行驶时，要注意以下事项：

1）下坡之前先降低车速，让车辆以缓慢的速度进入下坡道。

2）下坡前换入低挡，利用发动机制动。严禁在进入下坡路段后再换挡。

3）下坡路段严禁空挡滑行，必须挂入适当的挡位，利用发动机的牵制作用降低车辆滑行的速度。

4）下坡前应试验车辆制动性能是否良好，如制动有故障，应在排除故障之后再下坡，下坡路段慎用制动器。

5）下坡路段不可猛打转向盘，因下坡路段惯性大、速度快，转向盘使用不当容易造成翻车事故。

6）与前车应保持足够的行驶距离。如果坡太长，车的惯性很大，还应适当增大车间距离。

37. 高速公路轻型厢式货车与重型半挂牵引车碰撞

2013 年 12 月 20 日 4 时 8 分许，深圳市宝安区松岗街道龙大高速公路北往南方向松岗路段，发生一起轻型厢式货车与重型半挂牵引车碰撞的较大道路交通事故，造成3人死亡、1人受伤。

（1）事故相关情况

1）事故车辆情况

①粤B9××××轻型厢式货车，行驶证登记所有人为深圳市某运输有限公司（本案例简称运输公司），使用性质为非营运，检验有效期至2014年3月。该车办理了道路运输证，发证日期为2010年8月6日。该车于2013年7月9日和12月7日先后进行了车辆综合性能检测和车辆二级维护，综合性能检测及二级维护均在有效期内。

②粤T3××××重型半挂牵引车，行驶证登记所有人为孔某某，使用性质为货运，检验有效期至2014年10月。该车未办理道路运输证，车辆二级维护在有效期内，综合性能检测已过期。

2）车辆驾驶人情况

①杨某某，粤B9××××轻型厢式货车驾驶人，男，52岁，驾驶证准驾车型为A2，驾驶证有效期至2020年11月30日。

②李某某，粤T3××××重型半挂牵引车驾驶人，男，31岁，驾驶证准驾车型为A2，驾驶证有效期至2016年1月15日。经查，李某某与车辆实际所有人孔某某未签订劳动合同。

3）事故车辆所属单位情况

运输公司经营范围为五金家私、木制家私、家饰的生产与销售，普通货运等。该公司取得了道路运输经营许可证，证件有限期至2014年9月30日。

4）事故道路情况

事故现场位于龙大高速公路由北往南方向松岗路段。道路为机动车道、岔口的下坡道路，坡度约为5%，路面完好、干燥，单向路宽18 m，照明条件为夜间有路灯照明，交通信号方式为交通标志、标线，道路类型为高速公路，最高限速为 100 km/h，最低限速为 60 km/h。

（2）事故经过和救援情况

2013 年 12 月 20 日 4 时 8 分许，杨某某驾驶粤 B9××××轻型厢式货车沿龙大高速公路由北往南方向行驶至松岗路段时，车头与李某某驾驶的粤 T3××××重型半挂牵引车尾部发生碰撞，造成 3 人死亡、1 人受伤，两车损坏的道路交通事故。

事故发生后，当地公安局交通警察支队立即安排民警赶赴现场处置，同时通知消防救援及“120”赶赴现场，开展救援工作。救援人员成立了事故处理和善后保障两个工作小组，积极开展事故调查处理及善后工作，快速、准确、有效地实施了应急处置。

（3）事故原因分析

1）直接原因

杨某某驾驶机动车时未与同车道的前车保持足以采取紧急制动措施的安全距离，机动车载人超过核载人数（该车驾驶室核载人数为 2 人，事发时实载 4 人）；李某某驾驶机动车辆严重超载（该车载货超过核定载质量 100%以上），在高速公路上正常情况下以低于规定最低限速的速度行驶。

2）间接原因

①运输公司未认真落实驾驶人安全教育培训工作，驾驶人安全教育培训工作不到位。

②孔某某作为粤 T3××××重型半挂牵引车实际所有人，未按规定做好车辆综合性能检测工作，未办理道路运输证，未履行对驾驶人的安全教育培训职责，车辆安全管理工作不到位。

（4）相关知识与管理借鉴

这起事故发生在冬季早晨 4 时左右，天色较暗，虽然发生事故的路段有路灯照明，但对驾驶人作用有限，特别是在快速行驶过程中。

造成这起事故发生的一个原因，是前面行驶的重型半挂牵引车速度慢，在高速公路上正常情况下以低于最低限速的速度行驶。这一路段最高限速为 100 km/h，最低限速为 60 km/h。重型半挂牵引车驾驶人由于车辆严重超载，担心按照高于 60 km/h 的速度行驶会引起制动器摩擦片过热，或者控制不住方向、引发车辆机械故障等，由此而慢速行驶。正是由于重型半挂牵引车的慢速行驶，导致后面车辆的追尾撞击。

高速公路既有最高行驶速度的限制，同时也有最低行驶速度的限制。在高速公路上行车不是速度越慢越安全，最低行驶速度的规定是为了保证车辆在高速公路上行驶时尽可能使前后车辆以同样的车速行驶，减少超车和变换车道的次数，以达到减少事故发生的目的。如果以低于最低限速的速度行驶，后面行驶的车辆会被迫变换车道和超车，这样反倒会增加危险。

对车辆驾驶人来讲，在高速公路行车速度控制上应该注意以下事项：

1）最高、最低限速是指天气及交通状况良好的情况下不能超越的行驶速度。遇有大风、雨、雪、雾或者路面结冰时，应减速行驶，最高、最低限速的规定不适用。

2）高速公路上的限速标志或限速路面标记与最高、最低限速的规定不一致时，应当遵守标志或者标记的规定。

3）高速公路行车速度的确认，必须依据车速表，切不可过分相信自己的感觉和习惯。

4）在高速公路上行车时，一定要严格遵照限速的规定驾驶，车速较慢时应避免占用内侧车道，方便他人的同时，也保证了自己的行车安全。

38. 运输车辆货物超载制动性能不合格导致多车相撞

2016 年 6 月 18 日 12 时 58 分，在广州市白云区北二环高速公路大石湖收费站路段（往佛山、清远方向）发生了一起 7 车碰撞、4 人死亡的较大道路交通事故。

（1）事故相关情况

1）事故车辆情况

闽 AM××××重型半挂牵引车，行驶证登记所有人为福建某物流有限公司（本案例简称物流公司），检验有效期至 2016 年 9 月 30 日。

2）车辆驾驶人情况

李某，闽 AM××××重型半挂牵引车驾驶人，男，持准驾车型为 A2、D 的驾驶证，驾驶证有效期至 2020 年 10 月 19 日。

3）事故车辆所属单位情况

物流公司成立于 2014 年 5 月 22 日，经营范围为普通货运、货物专用运输（集装箱）等。

4）事故道路情况

事故现场位于广州市北二环高速公路西行 13. 3 km 路段。该路段中央有波纹板及绿化隔离带，沥青路面完好，路面干燥。路段交通信号方式为标志、标线。道路自公路中央绿化隔离带起依次为第一车道、第二车道、第三车道、应急救援车道，最高限速为 100 km/h。事故路段标志、标线清晰，交通设施未被遮挡，在道路右侧护栏设置了出口指示标志和公安监控设备。事故路段前方设置了龙门架，有分道限速指示牌提醒司机安全驾驶。3 条行车道上分别设置了指路文字。事故路段类型为平直路，交通设施完善。在这起事故发生前，因前方发生一起轻微交通事故，致使同向 3 条车道行驶缓慢。

（2）事故经过和救援情况

2016 年 6 月 17 日下午，宋某某驾驶闽 AM××××重型半挂牵引车在福建省宁德市搭载一批布料出发，准备运往广州市花都区，途经沈海高速（G15）转广河高速再转广州绕城高速。途中宋某某和李某两名驾驶人轮换驾驶。6 月 18 日早上在广河高速公路一处服务区，换由李某驾驶。

18 日 12 时 58 分，李某驾驶闽 AM××××重型半挂牵引车沿广州绕城高速公路由东往西行驶至太和出口路段（西行 13. 3 km 处）。当经过太和出口匝道后，李某发现车前方 100 米路段开始堵车，就降了一点儿速度，见第一车道还可以缓慢行驶，就松开制动器，变换第一车道行驶。在距前车 20~30 m 时，发现第一车道的车辆也停下来了，李某立即制动但是没停住，就往左转方向，想刮擦波纹板把车停下，但最后还是没停住，车头碰撞前方同车道小型普通客车尾部后，又与多辆车辆依次发生碰撞。

事故发生后，当地相关职能部门接报后，立即赶赴现场指挥处置。医护人员到达现场后，当场确认一小轿车内 4 人死亡。事故当日 16 时 30 分许，事故现场被清理完毕，交通恢复。

此次事故造成 4 人当场死亡，7 车不同程度损坏，事故直接经济损失约 413. 5 万元。

（3）事故原因分析

1）直接原因

李某驾驶制动性能不合格且超载的机动车，在高速公路上行驶时未与前车保持足以采取紧急制动措施的安全距离，其过错行为是导致此事故发生的直接原因。

2）间接原因

①重型半挂牵引车前轮制动分泵活塞不工作，造成前轮制动失

效；挂车制动鼓与制动蹄摩擦片间隙过大，造成制动力不足，未能有效地抱紧车轮，制动性能不合格。

②重型半挂牵引车违反规定超载，影响安全行驶。

③物流公司没有认真履行安全生产管理责任，对道路货物运输过程中的安全生产工作督促、检查不到位，未能及时检查发现和消除重型半挂牵引车制动系统性能不合格、超载等安全隐患。

（4）相关知识与管理借鉴

道路交通运输企业要加强车辆的技术管理，及时发现隐患、消除隐患，防止车辆带“病”上路。车辆技术管理部门应贯彻预防为主和技术与经济相结合的原则，对运输车辆实行“择优选配，正确使用，定期检测，强制维护，视情修理，合理改造、适时更新和报废”的全过程管理。

“择优选配”就是择优选购和合理配置，是指车辆在购置前就要考虑道路运输市场的具体情况，使企业的运输车辆适应运输市场的需要，以获得各种不同车型的最佳比例关系，选择性能好、质量高、价格低的车辆。

“正确使用”是指车辆使用者，应学会和懂得在使用过程中根据车辆性能、结构和运行条件（气候、道路、装载等），掌握车辆的操作和运用规程，采用正确的使用方法。这样可以延长车辆使用寿命，最大限度地发挥车辆的使用价值。

“定期检测”是指采用现代化的检测诊断技术，定期对车辆进行检测，正确判断车辆的技术状况。“定期检测”包含两重含义：一是对所有从事道路运输的车辆实行定期检测，使其在行驶一定里程或时间后，按时进行综合性能检测，通过检测达到监控运输车辆技术性能的目的。二是通过对维修竣工车辆的定期抽检，监督维修质量。

“强制维护”是指车辆行驶到一定里程或时间后，必须强制进行以确保车辆安全和环保性能良好为主要内容的二级维护工作，及时发现和消除车辆故障隐患，并结合检测结果确定附加作业项目。

“视情修理”是指经过检测诊断和技术鉴定，视情况对车辆进行不同范围和程度的修理，既要防止拖延修理造成车况恶化，又要防止提前修理造成浪费。

“合理改造、适时更新和报废”，是企业提高运输装备素质和经济效益的重要手段。随着经济的发展，技术的进步，对在用车辆的使用一定要进行合理改造，使其环保性能和技术状况达到要求。要对车辆进行适时报废、更新，以求最佳技术和经济的综合效益。

三、道路危险货物运输事故

危险货物是指具有爆炸、易燃、毒害、腐蚀、放射性等性质，在运输、装卸和储存保管过程中容易造成人身伤害和财产毁损而需要特别防护的货物。在危险货物运输中，由于危险货物自身所具有的危险特性，一直是运输安全管理的重点。近年来随着道路交通的发展，通过道路运输危险货物的数量在不断增加，道路运输事故也随之增加。概括地讲，危险货物道路运输事故的发生主要有两个方面的原因：一是驾驶人员、押运人员未能遵守有关规定，从而导致事故的发生；二是运输车辆不符合安全要求，存在安全隐患，从而导致事故的发生。因此，从事危险货物道路运输的企业，一方面需要加强对人员的安全管理，另一方面还要注意采取技术措施，消除运输车辆存在的安全隐患，提高道路运输的安全可靠性。

39. 危险化学品运输罐车超资质违规装载导致爆炸

2017 年 8 月 7 日 13 时 46 分左右，滨州高新区辖区内 G205 线与滨州高新区新四路交叉路口，发生一起危险化学品运输罐车爆炸事故，事故波及周边车辆和行人，共造成 5 人死亡，11 人受伤，直接经济损失约 1 100 万元。

（1）事故相关情况

1）事故车辆情况

鲁 CB××××重型半挂牵引车，品牌型号为乘龙 LZ4230QCA，初次注册日期为 2010 年 7 月 9 日，检验有效期至 2018 年 7 月 31 日。挂车为化工液体运输车，品牌型号为华昌 QDJ9407GHYA。车辆行驶证登记所有人为淄博某物流有限公司（本案例简称物流公司）。该车于 2016 年 8 月 23 日取得道路运输证，道路运输证经营范围为危险货物运输 3 类（辛烷、十五烷）。车辆审验有效期至 2017 年 9 月，技术等级为一级。该车罐体由青岛某工贸有限公司设计制造，于 2016 年 8 月 4 日经检验合格，下次检验日期为 2017 年 8 月 3 日。

2）车辆驾驶人、押运人情况

①驾驶人刘某，男，工作单位为物流公司，驾驶证准驾车型为 A2。刘某于 2005 年 10 月 14 日取得道路运输从业人员从业资格证，证件有效期至 2020 年 2 月 26 日。刘某在事故中受伤。

②押运人许某某，男，工作单位为物流公司，于 2016 年 7 月 15 日取得道路运输从业人员从业资格证，证件有效期至 2022 年 7 月 14 日。许某某在事故中受伤。

③跟车业务员吉某某，男，工作单位为兰考某化工总厂（本案例简称兰考化工厂）。吉某某在事故中受伤，经抢救无效死亡。

3）事故道路和天气情况

事故地点位于 G205 山深线 K559+700 m 至 K559+800 m 下行路段，道路为直线路段，纵向坡度 0.006%。事故地点处于 G205 线与高新区新四路交叉路口，该交叉路口采用交通信号灯控制，沿线公路标志、标线等交通安全设施齐全。该路段穿越城区，地形平坦，设双

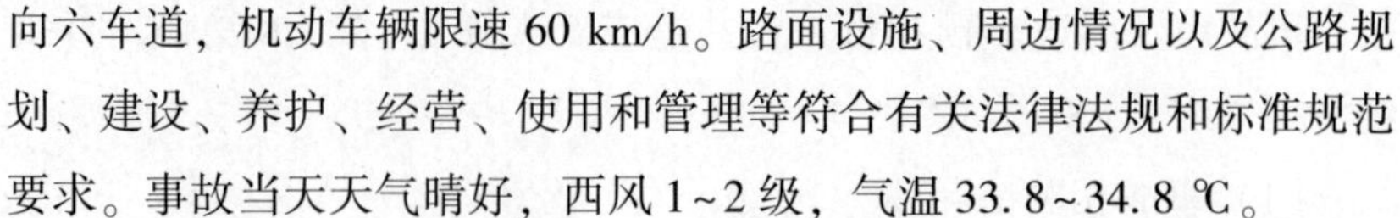

向六车道，机动车辆限速 60 km/h。路面设施、周边情况以及公路规划、建设、养护、经营、使用和管理等符合有关法律法规和标准规范要求。事故当天天气晴好，西风 1~2 级，气温 33.8~34.8 ℃。

（2）事故经过和救援情况

8 月 7 日凌晨 1 时 2 分，刘某驾驶车辆卸完甲基叔丁基醚后驶出厂区，行驶至工厂东侧 183 m 处，一直停留至上午 8 时 4 分，未按规定对车载罐体进行蒸罐、清洗和置换。

上午 9 时许，刘某驾驶车辆到淄博某化工有限公司（本案例简称淄博化工公司）装过氧化二叔丁基，兰考化工厂业务员吉某某自兰考赶至淄博化工公司付款、押货。由于该车辆押运员刘某某有事外出，刘某某临时找许某某代替押运，未告知许某某押运物品的名称及注意事项等情况。驾驶人刘某、押运人许某某均未对本次运输的化学品名称、种类、危险特性、是否有资质承运等情况进行核实。10 时 57 分装货完毕，装过氧化二叔丁基共计 10.08 t。

12 时 4 分，该车辆离开淄博，沿 G205 线由南向北行驶。该车于 13 时 46 分行驶至滨州高新区新四路路口等候信号灯，绿灯亮起后车辆起步，正常加速行驶至路口以北约 50 m 处时，罐体突然发生爆炸。爆炸迅速波及周边车辆，造成南北方向 8 辆汽车和 2 辆电动三轮车、1 辆摩托车、1 辆电动自行车和 1 辆自行车不同程度受损，造成 5 人死亡、11 人受伤。

事故发生后，当地有关部门迅速启动应急救援预案，出动消防车 50 余辆、“120” 急救车 17 辆次、警力 400 余人次参与现场灭火救援，及时疏散事故周边 500 m 范围内群众并立即采取交通管制措施，限制人员进出事故区域。16 时 35 分，消防人员成功扑灭明火，事故救援结束。

（3）事故原因分析

1）直接原因

物流公司危险化学品运输车辆超资质违规装载、运输过氧化二叔丁基，是引发运输车辆罐体爆炸的直接原因。爆炸产生的高温和飞溅的有机物引燃相邻的其他车辆，导致事故伤亡、损失扩大。

2）间接原因

①物流公司存在严重违法违规行为，对融资经营危险化学品运输车辆只挂靠不管理，日常安全检查、教育培训不到位。车辆驾驶人、押运人对公司运输资质范围不清，经常超资质范围营运。作业人员在获得过氧化二叔丁基安全技术说明书后，未了解相关安全信息，未核实车辆是否具备运输过氧化二叔丁基的条件就超资质违规装载、运输过氧化二叔丁基。

②淄博化工公司装卸环节安全管理缺失。公司日常安全教育培训流于形式，未针对过氧化二叔丁基的特性组织安全教育培训，未严格执行用聚乙烯桶作为过氧化二叔丁基包装物的运输规定。公司对进入厂区装卸危险化学品运输车辆资质审查缺失，未明确对外来车辆运输资质审核的程序和要求，未检查车辆装危险化学品前是否经过蒸罐、清洗。

（4）事故教训与整改措施

1）切实加大危险货物运输安全监管力度。各级交通运输管理部门要按照《危险化学品安全管理条例》等有关规定，督促危险化学品从业单位制定和完善危险化学品发货和装卸环节安全操作规程，如实向承运人说明托运危险化学品种类、数量、危险特性，做好开具提货单前资质查验、装车前车辆容器安全状况查验、装载过程安全操作、车辆出厂前检查核准以及登记建档等相关工作。要部署开展道路危险货物运输企业安全生产监督检查，严查超资质营运、违规挂靠的行为。对安全生产状况较差、安全主体责任落实不到位、驾驶人违章、安全管理混乱的危险货物运输企业，要进行重点监督检查，对违法违规行为依法严肃处理。

2）全面推进危险货物运输综合治理。相关部门要对危险化学品运输企业、运输车辆、各类从业人员资质和路面管控等各个方面，全面落实监管责任，实施联合执法。交通运输部门要严格危险化学品运输单位、驾驶人员、装卸人员和押运人员资质资格认定，强化装卸作业环节安全管理，进一步加强对危险化学品运输车辆和人员的监督检查，加强对危险化学品运输车辆动态监管，发现超限、超载等违法行为及时按规定处置，严防泄漏、中毒、窒息和火灾爆炸事故的发生。

3）严格落实危险货物运输企业安全生产主体责任。危险货物运输企业要严格落实安全生产主体责任，严格执行国家有关法律法规和规章制度，建立健全安全生产责任制、安全管理规章制度并认真落实。危险货物运输企业要严格按照设计用途使用槽（罐）车，不得随意变更充装介质，坚决杜绝超许可范围运输、危险货物混装运输等问题的发生。运输企业要加强驾驶人、押运人培训教育和管理，着力提升从业人员法制意识、安全意识和安全技能，严禁不具备相应资质、安全培训不合格和安全记录不良的人员驾驶危险货物机动车辆。各类危险货物道路运输企业要采购合格的运输车辆，按照规定安装卫星定位装置，根据危险货物性质选择符合安全条件的车辆运输，严格按照规定进行日常检查和定期维护保养，确保营运车辆安全技术状况良好。

（5）相关知识与管理借鉴

在这起事故中所涉及的过氧化二叔丁基，属于危险化学品，为5类危险货物。过氧化二叔丁基为无色液体，易燃，具有强氧化性，受高热、阳光曝晒、撞击或遇还原剂以及与易燃物硫、磷等接触时，可引起燃烧爆炸。该产品应采用聚乙烯桶包装，包装桶上应有安全泄压盖，运输时应单独装运。运输时车速要加以控制，避免颠簸、震荡。夏季应早晚运输，防止阳光曝晒。过氧化二叔丁基禁配物为还原剂、酸类、碱类、易燃物、自燃物、有机物等。

经调查，物流公司所属危险化学品运输罐车在运输甲基叔丁基醚后，未经蒸煮或清洗置换，违规运输与甲基叔丁基醚禁忌的过氧化二叔丁基。由于当时气温高达 34 ℃，加之车辆长途运输过程中存在颠簸、物料震荡、物料与罐壁摩擦等因素，过氧化二叔丁基与罐内残留的甲基叔丁基醚充分混合发生分解放热反应，过氧化二叔丁基在上述条件下自身急剧分解，致使罐体内气相空间压力逐渐增大，最终发生爆炸。

事故之后，相关人涉嫌危险物品肇事罪被刑事拘留，包括事故危险化学品运输罐车实际所有人、物流公司法定代表人、淄博化工公司销售经理、淄博化工公司保管出库员、淄博化工公司法定代表人、兰考化工厂采购员、兰考化工厂副经理、兰考化工厂负责物流工作人员等。

40. 重型半挂货车装载氯酸钠在运输过程中发生爆炸

2017 年 5 月 23 日 6 时 23 分，张石高速保定段（石家庄方向）浮图峪五号隧道内发生一起重大危险化学品运输爆炸事故，造成 15 人死亡、3 人重度烧伤、16 名村民轻微受伤、9 部车辆和 43 户民房受损，直接经济损失 4 200 万元。

（1）事故相关情况

1）事故车辆情况

蒙 M2××××重型半挂货车，行驶证登记所有人为内蒙古某运输有限公司（本案例简称运输公司），车辆使用性质为危险化学品运输。该车辆于 2016 年 10 月 21 日注册，检验有效期至 2017 年 10 月，车辆取得道路运输证。该车辆所牵引的挂车为中集华骏重型仓栅式挂车，于 2017 年 1 月 11 日注册，检验有效期至 2018 年 1 月，取得道路运输证，批准运输的危险化学品为 4 类及 5. 1 类化学品。

经查，事故车辆私自在半挂车纵梁间加装了圆柱形罐体，体积为 1 020 L，分为大小两个腔室，大腔室容积约为 750 L，用于盛装柴油。

2）车辆驾驶人情况

①杨某某，男，35 岁，事故车辆驾驶人（已在事故中死亡），2002 年 12 月 23 日初次领取驾驶证，驾驶证有效期至 2025 年 12 月 23 日，驾驶证准驾车型为 A2。2009 年 8 月 3 日杨某某初次取得危险货物运输驾驶员从业资格证，从业资格证有效期至 2021 年。

②陈某某，男，43 岁，事故车辆副驾驶（已在事故中死亡），1999 年 3 月 18 日初次领取驾驶证，驾驶证有效期至 2025 年 3 月 18 日，驾驶证准驾车型为 A2、E。2003 年 11 月 6 日陈某某初次取得危险货物运输驾驶员从业资格证，从业资格证有效期至 2020 年 2 月 24 日。

3）事故道路情况

事故现场位于张石高速公路保定段浮图峪五号隧道石家庄方向 301 km+0. 2 m 处。该隧道为双连拱双车道单向高速公路隧道，长 626 m，设计速度 80 km/h（限速 70 km/h），隧道内纵坡为 -1. 75% 的下坡。该随道 2012 年 11 月 15 日通过交工验收。

4）事故车辆所属单位情况

运输公司于 2016 年 5 月成立，主要承运内蒙古某实业股份有限公司生产的氯酸钠、金属钠、三氯异氰尿酸、甲醇钠等化学品。该公司 2016 年 7 月办理了道路运输经营许可证，经营范围为危险货物运输（4 类、5.1 类）。

（2）事故经过和救援情况

2017 年 5 月 19 日 14 时 43 分，运输公司杨某某、陈某某驾驶车辆在青岛市黄岛区某炼油化工有限公司石油焦场内装载 5 号石油焦 31.35 t，经青银、京藏等高速公路，于 5 月 21 日 16 时 3 分运达宁夏石嘴山市平罗县昊越路卸载，17 时 47 分驶离，回到运输公司停车场。

5 月 22 日 8 时 31 分，杨某某、陈某某驾驶车辆去往内蒙古某实业股份有限公司泰达制钠分公司装载 32 吨氯酸钠，11 时 49 分驶离，返回运输公司停车场进行加油作业，加油员将主油箱加满后，又向改装的备用油箱充装柴油 600 L，合计加油 1 060 L，由陈某某签字确认。

5 月 22 日 15 时 2 分车辆驶出停车场，行经 G109 国道行驶，18 时 16 分从荣乌高速乌兰镇收费口驶入高速，沿荣乌高速行驶。

5 月 23 日 6 时 23 分，该车行驶至张石高速浮图峪五号隧道时，车辆发生初始燃烧爆炸，发出较大声音和火光，隧道内车辆的司乘人员迅速逃生，隧道外桥上的车辆急速驶离现场。之后，燃烧爆炸的强热引发氯酸钠爆炸，爆炸产生的冲击波、高温及火焰导致车辆破损、人员伤亡，后来车辆油箱、制动器气罐、灭火器及轮胎等又相继发生爆炸，白色的氯酸钠粉尘漂浮至隧道外。

这起事故波及 9 辆车辆，其中 6 辆损毁，造成 15 人死亡，3 人重度烧伤，高速桥下 43 户民房受损，16 名村民轻微受伤。

事故发生后，当地公安交警和交通部门立即启动应急救援预案，迅速组织相关人员、救援设备开展救援工作。5 月 23 日 21 时，事故现场被清理完毕。

（3）事故原因分析

1）直接原因

经调查认定，事故直接原因是事故车辆装载的氯酸钠在运输过程中由于货物与货物及货物与车辆底板残留的石油焦粉末（含硫）等杂质之间相互摩擦产生热量并不断聚积，引燃车轮橡胶轮胎、篷布和密封布，当能量聚积达到氯酸钠燃点时，发生了氯酸钠爆炸。

2）间接原因

运输公司危险货物运输源头安全生产管理缺失，未严格落实车辆安全例检制度和安全培训制度，私自改装危险化学品运输车辆，遮盖危险化学品运输警示标志伪装运输，违规配货，使用不具备防火性能的篷布等，违法违规问题突出。

（4）事故教训与整改措施

1）切实加强危险货物道路运输企业源头管理。相关部门应严格依照相关法规标准，从车辆数量、公司规模、从业人员数量、从业人员专业能力等方面严格把关，加强危险货物运输企业基础管理。应督促企业建立健全安全生产责任制和各项安全管理制度，强化从业人员安全教育培训，加强过程控制管理，全面落实安全生产主体责任。

2）落实道路运输企业安全生产主体责任。道路运输企业要认真落实安全生产主体责任，不断增强守法遵规意识，建立健全并严格落实安全生产责任，提高安全管理水平，坚决杜绝违法违规的运输行为。

3）相关企业应加强安全生产风险管控和隐患治理工作，特别是从事易燃、易爆、剧毒等道路危险货物运输的企业，要全面扎实开展安全生产风险辨识、评估、管控和隐患治理。应严把驾驶人、押运人上岗关，严格车辆安全技术性能检查，严禁营运车辆带“病”运行。

4）相关部门要强化道路危险货物运输车辆动态监控管理，落实车辆动态监控主体责任，严禁超速、疲劳驾驶和不按规定线路行驶等行为。要切实企业加强应急能力建设，完善应急预案，强化应急演练，加强应急物资的配备，特别是加强驾驶人、押运人安全应急知识培训，提高现场应急处置技能。